海上絲綢之路基本文獻叢書

廣志繹（上）

〔明〕王士性 撰

文物出版社

圖書在版編目（CIP）數據

廣志繹．上／（明）王士性撰．-- 北京 ：文物出版社，2022.7
（海上絲綢之路基本文獻叢書）
ISBN 978-7-5010-7608-6

Ⅰ．①廣… Ⅱ．①王… Ⅲ．①歷史地理－中國－明代 Ⅳ．①K928.648

中國版本圖書館CIP數據核字（2022）第086701號

海上絲綢之路基本文獻叢書
廣志繹（上）

撰　　者：〔明〕王士性
策　　劃：盛世博閱（北京）文化有限責任公司

封面設計：鞏榮彪
責任編輯：劉永海
責任印製：王　芳

出版發行：文物出版社
社　　址：北京市東城區東直門内北小街2號樓
郵　　編：100007
網　　址：http://www.wenwu.com
經　　銷：新華書店
印　　刷：北京旺都印務有限公司
開　　本：787mm×1092mm　1/16
印　　張：15
版　　次：2022年7月第1版
印　　次：2022年7月第1次印刷
書　　號：ISBN 978-7-5010-7608-6
定　　價：98.00圓

總緒

海上絲綢之路，一般意義上是指從秦漢至鴉片戰争前中國與世界進行政治、經濟、文化交流的海上通道，主要分爲經由黄海、東海的海路最終抵達日本列島及朝鮮半島的東海航綫和以徐聞、合浦、廣州、泉州爲起點通往東南亞及印度洋地區的南海航綫。

在中國古代文獻中，最早、最詳細記載『海上絲綢之路』航綫的是東漢班固的《漢書·地理志》，詳細記載了西漢黄門譯長率領應募者入海『齎黄金雜繒而往』之事，書中所出現的地理記載與東南亞地區相關，并與實際的地理狀况基本相符。

東漢後，中國進入魏晉南北朝長達三百多年的分裂割據時期，絲路上的交往也走向低谷。這一時期的絲路交往，以法顯的西行最爲著名。法顯作爲從陸路西行到印度，再由海路回國的第一人，根據親身經歷所寫的《佛國記》（又稱《法顯傳》）一書，詳細介紹了古代中亞和印度、巴基斯坦、斯里蘭卡等地的歷史及風土人情，是瞭解和研究海陸絲綢之路的珍貴歷史資料。

隨着隋唐的統一，中國經濟重心的南移，中國與西方交通以海路爲主，海上絲綢之路進入大發展時期。廣州成爲唐朝最大的海外貿易中心，朝廷設立市舶司，專門管理海外貿易。唐代著名的地理學家賈耽（七三〇～八〇五年）的《皇華四達記》記載了從廣州通往阿拉伯地區的海上交通『廣州通夷道』，詳述了從廣州港出發，經越南、馬來半島、蘇門答臘半島至印度、錫蘭，直至波斯灣沿岸各國的航綫及沿途地區的方位、名稱、島礁、山川、民俗等。譯經大師義净西行求法，將沿途見聞寫成著作《大唐西域求法高僧傳》，詳細記載了海上絲綢之路的發展變化，是我們瞭解絲綢之路不可多得的第一手資料。

宋代的造船技術和航海技術顯著提高，指南針廣泛應用於航海，中國商船的遠航能力大大提升。北宋徐兢的《宣和奉使高麗圖經》詳細記述了船舶製造、海洋地理和往來航綫，是研究宋代海外交通史、中朝友好關係史、中朝經濟文化交流史的重要文獻。南宋趙汝適《諸蕃志》記載，南海有五十三個國家和地區與南宋通商貿易，形成了通往日本、高麗、東南亞、印度、波斯、阿拉伯等地的『海上絲綢之路』。宋代爲了加强商貿往來，於北宋神宗元豐三年（一〇八〇年）頒佈了中國歷史上第一部海洋貿易管理條例《廣州市舶條法》，并稱爲宋代貿易管理的制度範本。

元朝在經濟上採用重商主義政策，鼓勵海外貿易，中國與歐洲的聯繫與交往非常頻繁，其中馬可·波羅、伊本·白圖泰等歐洲旅行家來到中國，留下了大量的旅行記，記録元代海上絲綢之路的盛況。元代的汪大淵兩次出海，撰寫出《島夷志略》一書，記録了二百多個國名和地名，其中不少首次見於中國著録，涉及的地理範圍東至菲律賓群島，西至非洲。這些都反映了元朝時中西經濟文化交流的豐富内容。

明、清政府先後多次實施海禁政策，海上絲綢之路的貿易逐漸衰落。但是從明永樂三年至明宣德八年的二十八年裏，鄭和率船隊七下西洋，先後到達的國家多達三十多個，在進行經貿交流的同時，也極大地促進了中外文化的交流，這些都詳見於《西洋蕃國志》《星槎勝覽》《瀛涯勝覽》等典籍中。

關於海上絲綢之路的文獻記述，除上述官員、學者、求法或傳教高僧以及旅行者的著作外，自《漢書》之後，歷代正史大都列有《地理志》《四夷傳》《西域傳》《外國傳》《蠻夷傳》《屬國傳》等篇章，加上唐宋以來衆多的典制類文獻、地方史志文獻，集中反映了歷代王朝對於周邊部族、政權以及西方世界的認識，都是關於海上絲綢之路的原始史料性文獻。

海上絲綢之路概念的形成，經歷了一個演變的過程。十九世紀七十年代德國地理學家費迪南・馮・李希霍芬（Ferdinad Von Richthofen，一八三三～一九〇五），在其《中國：親身旅行和研究成果》第三卷中首次把輸出中國絲綢的東西陸路稱爲『絲綢之路』。有『歐洲漢學泰斗』之稱的法國漢學家沙畹（Édouard Chavannes，一八六五～一九一八），在其一九〇三年著作的《西突厥史料》中提出『絲路有海陸兩道』，蘊涵了海上絲綢之路最初提法。迄今發現最早正式提出『海上絲綢之路』一詞的是日本考古學家三杉隆敏，他在一九六七年出版《中國瓷器之旅：探索海上的絲綢之路》中首次使用『海上絲綢之路』一詞；一九七九年三杉隆敏又出版了《海上絲綢之路》一書，其立意和出發點局限在東西方之間的陶瓷貿易與交流史。

二十世紀八十年代以來，在海外交通史研究中，『海上絲綢之路』一詞逐漸成爲中外學術界廣泛接受的概念。根據姚楠等人研究，饒宗頤先生是華人中最早提出『海上絲綢之路』的人，他的《海道之絲路與昆侖舶》正式提出『海上絲路』的稱謂。選堂先生評價海上絲綢之路是外交、貿易和文化交流作用的通道。此後，大陸學者馮蔚然在一九七八年編寫的《航運史話》中，使用『海上絲綢之路』一詞，這是迄今學界查到的中國大陸最早使用『海上絲綢之路』的人，更多地限於航海活動領域的考察。一九八〇年北京大學陳炎教授提出『海上絲綢之路』研究，并於一九八一年發表《略論海上絲綢之路》一文。他對海上絲綢之路的理解超越以往，且帶有濃厚的愛國主義思想。陳炎教授之後，從事研究海上絲綢之路的學者越來越多，尤其沿海港口城市向聯合國申請海上絲綢之路非物質文化遺産活動，將海上絲綢之路研究推向新高潮。另外，國家把建設『絲綢之路經濟帶』和『二十一世紀海上絲綢之路』作爲對外發展方針，將這一學術課題提升爲國家願景的高度，使海上絲綢之路形成超越學術進入政經層面的熱潮。

與海上絲綢之路學的萬千氣象相對應，海上絲綢之路文獻的整理工作仍顯滯後，遠遠跟不上突飛猛進的研究進展。二〇一八年厦門大學、中山大學等單位聯合發起『海上絲綢之路文獻集成』專案，尚在醖釀當中。我們不揣淺陋，深入調查，廣泛搜集，將有關海上絲綢之路的原始史料文獻和研究文獻，分爲風俗物産、雜史筆記、海防海事、典章檔案等六個類别，彙編成《海上絲綢之路歷史文化叢書》，於二〇二〇年影印出版。此輯面市以來，深受各大圖書館及相關研究者好評。爲讓更多的讀者親近古籍文獻，我們遴選出前編中的菁華，彙編成《海上絲綢之路基本文獻叢書》，以單行本影印出版，以饗讀者，以期爲讀者展現出一幅幅中外經濟文化交流的精美畫卷，爲海上絲綢之路的研究提供歷史借鑒，爲『二十一世紀海上絲綢之路』倡議構想的實踐做好歷史的詮釋和注脚，從而達到『以史爲鑒』『古爲今用』的目的。

凡例

一、本編注重史料的珍稀性，從《海上絲綢之路歷史文化叢書》中遴選出菁華，擬出版百册單行本。

二、本編所選之文獻，其編纂的年代下限至一九四九年。

三、本編排序無嚴格定式，所選之文獻篇幅以二百餘頁爲宜，以便讀者閱讀使用。

四、本編所選文獻，每種前皆注明版本、著者。

五、本編文獻皆爲影印，原始文本掃描之後經過修復處理，仍存原式，少數文獻由於原始底本欠佳，略有模糊之處，不影響閱讀使用。

六、本編原始底本非一時一地之出版物，原書裝幀、開本多有不同，本書彙編之後，統一爲十六開右翻本。

目録

廣志繹（上）

廣志繹（上）

序至卷三

〔明〕王士性　撰

清康熙十五年刻本

序

香山楊子解天台之組
至禾手王太僕恒叔先
生廣志繹六卷示余將

命之梓余曰是薈萃諸
家標新領異有所寓焉
而成是書也古今志地
者多矣博通者考沿革

游覽者志巖壑體道者
愉悅性情之間而探經
世之大畧攬形勝審要
害以爲行師立國之本

圖志量不同而有資于
地一也顧括地諸志卷
帙數百窮年不能竟其
業而又雜採傳記未嘗

親履其境不無彼此牴
牾以酈善長之精博猶
以震澤南從漸江入海
靈丘之爲雲爲齊西平

之爲汝南爲臨淮混而
一之其他又何譏焉太
僕車轍滿天下所未歷
者七閩及姝方異域耳

所至搜考遺佚風會物
產一一詳覈又父子兄
弟累代卿貳自襄裕公
以來敭歷中外耳目濡

染已非一日偶有綴述
自出尋常畦徑之表是
編也在五岳遊記廣游
志之後楗闢謝客追繹

舊聞而成之若自托於
鄱陽隨筆相臺桯史之
次而邊徼阨塞河淮侵
奪郡邑同異賦稅輕重

一切軍國大政悉數而
不能終者即在品隲山
水銓敘草木蟲魚之內
以待有心者之採擇夫

豈稗官說家之所能比
絜耶香山知所愛重而
公諸世亦非俗吏之用
心也是其性情術畧懸

合於太僕者深矣

康熙十五年歲次丙辰

中秋日檇李曹溶題

刻廣志繹序

昔人謂性好讀書淸福已具歐陽子亦曰物必聚於所好故好書者往往得遇奇書徼獨福也蓋前人著之而或傳或不傳者

後人得而讀之而且傳之自有性情感召不偶然矣四明楊齊莊先生博雅醇粹藏書萬卷一日示予一書爲廣志繹凡若干卷曰此赤城王恒叔先生所著

未傳之書也先生高才曠致平生好遊有五岳遊草有廣遊志皆宦轍所至耳目所睹記其書已傳世多有之後居南鴻臚追繹舊聞復爲廣志繹書成郵寄

屠赤水先生序未竟而先生捐
館矣此書遂流落四明楊齊莊
先生得之藏且有年甲申秋尋
攝篆奉川屬以付梓時南北用
兵天下雲擾僅錄二冊一自藏

一付王氏諸孫丙戌兵變竄徙草間錄本失去每浚惋惜怨怨不自得雖所蓄金石琴硯書画鼎彝愛玩珍重者一時散亡都不復念獨念此書不置也甲午

遊四明遇同學李懷岵家藏是書寻輙喜過望如見故人請假錄之無論出處必攜反覆校閱即寒暑晦明寢食憂喜無間也若與恒叔先生同時商確焉徧

質之博雅君子如曹秋岳夫子沈大匡先生沈次桼顧寧人項東井諸同學咸謂是書該而核簡而暢奇而有本逸而不誣其志險易要害漕河海運天官地

理五方風俗九徵情形以及草木鳥獸藥餌方物飲食制度早晚燥溼高卑遠近各因時地異宜悉如指掌使經綸天下者得其大利大害見諸石畫可以佐

太平即其緒論亦足供王謝塵
主有稗風雅不似齊諧志怪虞
初小説百家雜組誕而不經王
危無當也念是書當兵火之餘
得而失失而復得相去凡三十

年于茲而今日得壽諸剞劂以傳不可謂非性情感召不偶然也夫誦詩讀書古人謂之尚友或亦予與恒叔先生有夙契哉乙卯冬偶過天台訪廣遊志不

可得得五岳遊草而卒業焉內
雜志一卷有志繹所未備者附
梓于後以傳先生未傳之書併
以副齋莊先生付託之意云
嘗

康熙丙辰菊月析津楊體元題

王恒叔廣志繹序

司馬子長曠世逸才然必周行萬里罔羅見聞然後著爲史記杜子美詩人冠冕遭亂流離三巴吳楚遊踪頗濶故曰不開萬卷不行萬里不能讀杜詩良然豈非名山大川足以滌人胸懷發人才性而五方謡俗方言物産仙踪靈跡恠恠奇奇其於新耳目廓拘蔽良有助焉余友天台王恒叔才既高華而宦轍幾遍天下視子長杜陵所到不啻遠過之諸名山自五岳外探陟最廣賦咏亦多無論名山即一巖洞之異

無勿揆也一艸木物産之奇無勿晰也他若堪輿所
述象胥所隸輶軒所咨千名百種無不羅而致之几
席之下筆札之間如五岳遊記廣遊志其大者既攷
南鴻臚閑曹無事杜門却掃追繹舊聞復爲廣志繹
六卷以示余一方輿崖畧二兩都三江北諸省四江
南五西南六四彝輯噫備矣恒叔自言他人所述每
每藉耳爲口緣虛飾實余言則否皆身所見聞也余
病餘寡營因得卒業意獨喜其叙山川離合南北脈
絡如指諸掌即景純所述青囊所紀勿核於此至譚

河漕馬政屯田鹽筴南北控禦方畧具有否晝不爲
卮言躍馬中原攬轡關河可謂有天下之志此當不
在遷史社詩下它則以資揮麈　於稗官足解人頤
又其餘耳
萬曆丁酉初冬日檇李馮夢禎序

廣志繹序　一

自叙

余巳徧海內五岳與其所轄之名山大川而遊得文與詩若干篇記之矣所不盡於記者則爲廣遊志二卷以附於說家者流兹病而倦遊追憶行蹤復有不盡於志者則又爲廣志而繹之前後共六卷書成自爲叙曰夫六合無涯萬期何息作者以澤量非一家然而言人人殊故談元虚者以三車九轉而六藝之用衰綜名實者尚衡石鑄刑書而結繩之則遠攬風雅者多花間草堂而道德之旨溺傳幽怪者喜蛇神

牛鬼而布蔱之軏殊無惑乎枘鑿不相入而事本末未易言也余志否否足板所到奚囊所餘星野山川之較昆蟲艸木之微皇宬國乘里語方言之牘意得則書懶則止榻前杖底每每追維故實索筆而隨之非無類非無非類無深言無非深言稗氏之家其且有取於斯乎總以六卷次之一方輿崖略二兩都三江北諸省四江南五西南六四夷輯夫夷也而獨系之以輯何葢天下未有信耳者而不遺目亦未有信目者而不遺心故每每藉耳為口假筆於書余言否

否皆身所見聞也不則寧闕如焉敢自附於近代作者之習乎哉故不得之身而得之人者猥以輯云爾矣

萬曆丁酉中秋日天台山元白道人王士性恒叔識

廣志繹目錄

廣志繹 目錄

王太初先生雜志目錄

目錄

僊佛　功德

物產　奇石

溫泉　聲音

赤石溫泉水聲音　三　目錄叢書　張記

廣志繹卷之一

赤城王太初先生著　　林百朋象鼎

秀州曹秋岳先生定　　北平楊體元香山較

方輿崖略

方輿廣矣非一耳目一手足之用能悉之崖略者舉所及而識其大也昔人有言州有九游其八余未入閩庶其近之哉

僧一行謂天下河山之象存乎兩戒北戒自三危積石負終南地絡之陰東及太華逾河竝雷首底柱

王屋太行北抵常山之右乃東循塞垣至濊貊朝鮮是謂北紀所以限戎狄也南戒自岷山嶓冢負地絡之陽東及太華連商山熊耳外方桐栢自上洛南逾江漢携武當荆山至於衡陽東循嶺徼達東甌閩中是爲南紀所以限蠻夷也故星經謂北戒爲胡門南戒爲越門河源自北紀之首循雍州北紀達華陰而與地絡相會並行而東至太行之曲分而東流與涇渭濟瀆相爲表裏謂之北河江源自南紀之首循梁州南徼達華陽而與地絡相

會竝行而東及荆山之陽分而東流與漢水淮瀆相爲表裏謂之南河觀此則南北山脉皆會於太華

古今疆域始大於漢最濶於唐復狹於宋本朝過於宋而不及於唐江南諸省咸自漢武帝伐南越始通中國而閩越甌越於越以次歸附西粤則其西路進兵之地也唐全有漢地分天下爲十道十五採訪使南北萬里東西萬七千里州府三百五十八縣一千五百五十一又有通四彝羈縻路二日

營州入安東二曰登州海行入高麗渤海道三曰夏州塞外通大同雲貴道四曰中受降城入回鶻道五曰安西入西域道六曰安南通天竺道七曰廣州通海夷道故東至安東西至安西共府州八百五十六宋北失燕雲山前山後十五城於遼西北失銀夏靈鹽四城甘凉鄯廓七城於元昊西失松疊十一城於羌西南失滇雲全省於段氏本朝北棄千里之東勝南棄二千里之交趾東北棄五百里之朶顏三衛西北棄嘉峪以西二千里之哈

窩若元人兼有沙漠六朝偏安江左其廣狹又不在此內

江南佳麗不及千年孫吳立國建康六代繁華雖古今無比然亦建康一隅而止吳越風氣未盡開也蓋萑葦澤國漢武始易閩甯而光明之為時未幾觀孫吳治四十三州十重鎮茲未及閩越特附於宣州焉已晉分天下廿九州吳越閩豫通隸揚州唐分十二道一江南東道遂包昇潤浙閩一江南西道遂包宣歙豫章衡郢豈非地曠人稀之故耶

至殘唐錢氏立國吳越五王繼世兩浙始繁王審知李璟分據八閩始盛然後宋分天下爲二十三路江南始居其八焉曰兩浙曰福建曰江南東曰江南西曰荆湖北曰荆湖南曰廣南東曰廣南西而川中四路不與焉趙宋至今僅六七百年正當全盛之日未知何日轉而黔粵也

天下賦稅有土地饒瘠不甚相遠者不知當時徵派何以差殊想國初草草未歸一也其後遂沿襲之如眞定之轄五州二十七縣姑蘇之轄一州七縣

毋論所轄即其地廣已當蘇之五而蘇州糧二百三萬八千石而真定止十一萬七千石然猶江南江北異也若同一江北也如河間之繁富二州十六縣登州之貧憊一州七縣相去星淵而河間止糧六萬五千登州乃糧二十三萬六千然猶別省直異也若在同省漢中二州十四縣之殷庶比臨洮二州三縣之沖疲易知也而漢中糧止三萬臨洮至四十八萬然猶各道異也若在同道順慶不大於保寧其轄二州八縣均也而順慶糧七萬二

千保寧止二萬然猶兩郡異也若在共邑則同一
西南充也而負廓十里田以步計賦以田起二十
里外則田以絚量不步矣五十里外田以約計不
絚矣官賦無定數私價亦無定期何其懸也惟是
太平之時民少壯老死祖孫代易耳目相安以爲
固然雖有貧富輕重不等不自覺耳
東南饒魚鹽秔稻之利中州楚地饒漁西南饒金銀
礦寶石文貝琥珀硃砂水銀南饒犀象椒蘇外國
諸幣帛北饒牛羊馬贏絨氈西南川貴黔粤饒梗

柟大木江南饒薪取火於木江北饒煤取火於土西北山高陸行而無舟楫東南澤廣舟行而鮮車馬海南人食魚蝦北人厭其腥塞北人食乳酪南人惡其羶河北人食胡葱蒜薤江南畏其辛辣而身自不覺此皆水土積習不能強同

潼關陝西咽喉也稱直隸潼關而考覈屬屯馬直指潁州南直轄也而潁州以隸河南晃州以西貴州地也而清浪偏橋以隸湖廣黃平以隸四川五開楚轄也而黎平以隸貴州此皆犬牙相制一祖宗

建立自有深意

江西建昌縣不立於建昌府而立於南康南康縣不立於南康府而立於南安又吉安有永豐廣信又有永豐至於安仁崇仁安義崇義南昌新昌都昌瑞昌廣昌建昌會昌萬年萬載萬安之類立縣之初山川鄉鎮儘可採用何必重疊乃爾南直太平縣亦不立於太平府而立於寧國福建建寧縣亦不立於建寧府而立於邵武至於天下稱太平永寧者南直太平府廣西又太平府太平縣台州府

寧國府平陽府又皆有太平縣雲南永寧府貴州
永寧州吉安府河南府隆慶州又皆有永寧縣銓
選考課者最不便之
天下府庫莫盛於川中余以戊子典試於川詢之藩
司庫儲八百萬卽成都重慶等府俱不下二十萬
順慶亦十萬也葢川中俱無起運之粮而專備西
南用兵故浙中天下首省余丁亥北上滕師少松
爲余言癸酉督學浙中藩司儲八十萬後爲方伯
止四十萬今爲中丞藩司言今不及二十萬矣十

年之間積儲一空如此及余已丑叅藩廣右顧臬使問自浙粮儲來詢之則云浙藩今已不及十萬藏也廣右亦止老庫儲銀十五萬不啓餘止每歲以入爲出耳余甲午叅藩山東藩司亦不及二十萬之儲庚辰入滇滇藩亦不滿十萬與浙同每歲取礦課五六萬用之今太倉所蓄亦止老庫四百萬餘有事則取諸太僕寺余乙未弍卿太僕時亦止老庫四百萬每歲馬價用不足則取之艸料蓋十年間東倭西孛所用於二帑者過二百餘萬故

也國初府庫充溢三寶鄭太監下西洋齎銀七百餘萬費十載尚剩百萬餘歸蓋乘元人所藏而元時不備邊故其充溢至此可見今閭閻疲憊去於邊費爲多

江北山川彝曠聲名文物所發洩者不甚偏勝江南山川盤鬱其融結偏厚處則科第爲多如浙之餘姚慈谿閩之泉州楚之黃州蜀之內江富順粵之全州馬平每甲於他郡邑然文人學士又不拘於科第處嘗不擇地而生即如國初劉伯溫以青田

宋景濂以浦江方遜志以寧海王子充以義烏雖在江南皆非望邑其後李獻吉以北地何大復以信陽孫太初以靈武李于鱗以歷下盧次楩以濮陽皆在江北然世廟以來則江南彬彬乎盛矣

天下馬頭物所出所聚處蘇杭之幣淮陰之糧維揚之鹽臨清濟寧之貨徐州之車贏京師城隍燈市之骨董無錫之米建陽之書浮梁之瓷寧台之鯗香山之番舶廣陵之姬温州之漆器

中國兩大水惟江河橫絡背腹河受山陝河南半南

直四省之水江亦受川湖江西半南直四省之水河來塞外經五千里方入中國甚遠而江近發源岷山乃至入海處河委於一淮而足而江尾潤至數十里何也蓋江河所受之水中以荆山爲界荆山以北高曠燥涸水脉入地數十丈無所浸潤又大水入河止汾渭洛三流耳涑淮沂泗皆不甚大又止夏月則雨溢水漲故其流迅駛而他月則入漕故河尾狹荆山以南水泉斥鹵平於地面時常湧沉不竭又自塞外入水二曰大渡河曰麗江自

汏湖千里延袤入者二曰洞庭曰彭蠡自諸澤藪入者不計曰七澤曰巢湖曰淮揚諸湖之類其來甚多而雪消春漲江首至沒灩澦高二十丈江南四時有雨露潦不休故其流迂緩而江尾濶江惟緩而濶又江南埿土粘故江不移河惟迅而狹又河北沙土疎故河善决若淮近日明讓爲河委濟自新室暗入於河中雖均稱四瀆實非江河比也

黄河九曲楊用修謂其說出河圖緯象其謂河導崑崙山名地首上爲權勢星一曲也東流千里至規

其山名地契上爲距樓星二曲也郤南千里至積石山名地肩上爲别符星三曲也郤南千里入隴首間抵龍門首名地根上爲營室星四曲也南流千里抵龍首至卷重山名地咽上爲卷舌星五曲也東流貫砥柱觸閼流山名地喉上爲樞星以運七政六曲也西距卷重山千里東至洛會名地神上爲紀星七曲也東流至大伾山名地肱上爲輔星八曲也東流過絳水千里至大陸名地腹上爲虛星九曲也元學士潘昂霄河源志黄河九折胡

地有二折蓋乞里馬出必反赤里也禹貢導河自積石以此參考之河圖象緯及河源志與禹貢一一皆合用修博雅當有據

海潮有云從日有云因月有云隨星從日者唐盧肇之說也因月者元丘處機之論也隨星者宋蘇子瞻之言也肇謂日是太陽水是純陰日西入地時陰避太陽東海潮上日出時水乃西流東海潮下丘長春駁之謂肇之所言晝夜方是一潮知肇不曾海上行也余行海上分明月初出則潮初上月

卓午則潮滿月西轉則潮漸退月沒則潮退盡北方月出則潮復上斗北月中則潮滿月東轉則潮漸退月沒則潮退盡又嘗較核東萊與膠西陸地相去二百里許水行迂曲則千里潮信不同萊北潮上則膠西潮下膠西潮上則萊北潮下北海南海約去萬里據大體北海潮上則江淮以北皆潮滿南海潮上江淮以北皆潮下方是如何登萊郎墨盈縮不同蘊子瞻則謂閩浙之潮皆有定候惟瓊海潮半月東流半月西流潮之大小隨長短星

不係月之盛衰是三君子之言皆以理測而不知天地造化有不可專測以理者果如三子之言則浙江錢塘之潮又將何因日乎月乎星乎凡潮皆暗長獨錢塘白浪如堵墻百里一抹前水後水高下參差五六丈或十丈轟雷掣電而來以爲素車白馬胥之怒者偶然一人所見耳或又謂龕赭二山東之亦未也東之能喧豗奮擊至二百里之外耶或又謂龕赭相對處暗有強砂石檻截於水底縱橫激之如是則宜日月如一也何以有大小之

潮之異而潮至吳山相望處何以散而復聚或者又謂海鰍出入鰍遊何以時刻必信如此矧鰍壽有限安能與天地相持是一鰍耶衆鰍耶余過安寧閩所謂聖水三潮者覓之乃在温泉之傍大樹之下一穴如斗每日申子辰三時水自溢出餘時則乾此自造物詭幻靈氣使然難以常理論丘長春所云聖功道力不可思議者是或一道也

天下惟閩浙人殺物命最多寧台温福興泉漳等處傍海食魚蝦蛤蜡即尺鬐拳笥尚不可以類計況

罟網之大者乎中原北塞雖日夕畋獵然麞豕兔
鹿之類咸以數數唐朝每聖誕勅僧放生池放生
著爲令其放魚蝦而不放雞犬者蓋內典六道雞
犬等爲定殺業魚蝦等爲不定殺業故也然海人
則自謂此造化食我

九邊延袤幾八千里墩臺關口聯以重墻亦猶長城
之遺而諱其名耳今自山海關起而東西分疏之
關京師左輔而內外之限也關以東遼陽邊路出
關經高嶺驛又沙河東關曹家莊連山杏山小凌

河十三山至廣寧城板橋又沙嶺牛家莊至海州自在城及鞍山至遼陽鎮又瀋陽懿路嚚州三萬衛而至開原經十九驛一千五百里關至廣寧六百里廣至開原八百五十里內開原至遼陽四百五十里城固無憂遼陽至山海常有零魯然山海至開原皆平野無山征魯前將軍鎮之是關魏國所設關以西薊宣大延寧甘邊路薊州大邊起山海關遷安驛過北水關旱門關經長谷營牛頭崖營至榆林驛又經石門營至撫寧蘆峯驛又經燕河營桃林營至永平

灤河驛又經劉家營徐流營建昌營至遷安七家嶺驛又經五重營太平營青山駐操營至古城驛又經灤陽營漢兒營三屯營至灤陽驛又經松棚營興州前屯衛至豐潤義豐驛又遵化縣衛驛又經沙波營大安營興州左屯衛至玉田陽樊驛又至石門鎮驛又經黃崖口營而至薊州漁陽驛共關口七十七寨堡四十一驛十一本州之西邊墻分爲三重○外一重薊州城經黑谷關至甎朶子關共十九營寨中二重薊州城經峯臺谷寨至南

谷寨對外重髻山寨共十五關寨內三重薊州城經彰作
里關平谷縣興州中屯衛三河縣驛興州後屯衛
至香河縣營州前屯衛共十三營寨以上邊墻三
重至此又合爲一○外重甎垛子關起接爲桃兒
衝寨經古北口潮河川三寨石匣營至石匣驛又
經潮河營白馬營至密雲中衛驛又經石塘營至
順義營州左屯衛至懷柔縣至黃花鎮撞道口共
關口營寨五十四處所以上薊鎮大邊自山海至
此其關口營寨皆倚山補築邊墻參差不齊難以

里計惟以驛直數之凡十六驛得九百六十里宣大二邊起居庸岔道口榆林驛共百里至懷來城又經土木驛雞鳴驛共一百六十里至宣府又經萬全左右衛陳家堡宣大界上通白羊口共二百四十里至陽和城又一百里至大同鎮（南至鴈門六百里）又西經大同左衛威遠衛（南至寧武六百里）又西經平魯老營共四百七十里而至偏關又百五十里至娘娘灘與陝西黃甫川以上宣大路在二重邊墻之內鎮朔將軍駐宣府征西將軍駐大同延綏大邊

起黃甫川經清水營鎮羌堡二百四十五里而至神木又經栢林雙山二百三十五里而至榆林鎮又經嚮水等堡四百十里至靖邊營又經寧塞等營百六十里至新安邊營又經新興三山等堡二百里至饒陽水堡又九十里至寧夏定邊營以上延綏大邊一千三百里與固原內邊形勢相接成化間修築榆林等城二十餘堡俱在二邊之外蓋重邊設險以守內地也鎮西將軍鎮之寧夏大邊起定邊營經花馬池安定堡紅山堡渡河共三百

五十里至寧夏鎮又西經廣武營中衛靖虜平灘六百餘里而至蘭州以上寧夏邊大約千里定邊至河在河套內寧鎮城至中衛在黃河外靖虜至蘭州在黃河內征西將軍鎮之甘肅莊凉大邊起蘭州金城關經沙井苦水紅城子大通山四驛共二百七十里而至莊浪又自莊浪在城驛西去經武勝岔口鎮羌黑松古浪靖邊大河七驛共三百六十里而至凉州（凉州北去三岔黑山二驛共百九十里至鎮番衛止）又凉州西去經懷遠沙河眞景三驛一百五十里而至

永昌又自永昌西去經水泉石峽新河三驛共百九十里而至山丹又自山丹西去經東樂古城二驛共百二十里而至甘州鎮又自甘州西去經西城沙河撫彝黑泉深溝鹽池河清臨水八驛共四百二十里而至肅州又西七十里至嘉峪關以上甘肅莊涼大邊計一千五百里唐陽關又在七百里之外左番右達漢所稱斷匈　右臂者是也止線路通中國爾平羌將軍鎮之關以西內邊居庸紫荆倒馬謂內三關亦有重墻自北而南其外一

重起居庸經青龍橋東口西口河合口共三十口四百里而至紫荆沿河口又過東西小龍門獨石大谷紫荆關盤石驛帖兒溝口（外百五十里乃山西蔚州）浮圖峪口廣昌縣插箭嶺口共五十口七百餘里而至倒馬關狼牙口而止其內二重起撞道口經石湖谷虎谷共十口一百二十里而至居庸關又自居庸西去經小嶺西水柏谷石羊共三十四口一百五十里至紫荆關沿河口又經房山黃山店淶水乾河口共十二口五百二十里至紫荆關又自紫

荆盤石口瓦窰白石倒馬關共二十四口四百八十里而至狼牙口而止內外兩墻又合爲一近靈丘縣百里又起西法卷溝口經牛糞口內九十里至阜平落路口倒馬關至此百里共四十七口三百餘里而至龍泉上關外至五臺百八十經下關東至阜平五十里北至倒馬百七十里北黑山口白羊口靈壽縣清風口內至眞全青草谷口內至元氏跂里口內至贊皇後溝口止此至龍泉關五百一十里至倒馬關六百八十里內三關邊城大勢兩重就山塡築亦有三重其鴈門寧武偏頭爲外三關脉自鴈門亂山橫迤爲北京山西

界亦倚山湊築大道爲關小道爲口有人馬竝
通者有止通人者緩急險要不同固原邊起饒陽
西至徐斌水半个城界三百里乃總制舊邊今新
邊近廣武包梁家泉諸水土堅易守直抵河岸俱
可耕種止河東乃守舊邊寧夏路在邊墻東北之
外路外又有花馬池墻隔套會西寧邊起莊浪西
南去經大通河口老鴉城碾伯三驛三百里至西
寧衞其衞西抵番南至積石此允國屯河湟故地
也

分野家言全無依據如以周秦韓趙魏齊魯宋衞燕楚吳越平分二十八宿葢在周末戰國時國號意分野言起於斯時故也後世疆域分合不齊乃沿襲陳言不知變通如朝鮮古封建爲中國之地以其後淪於彛狄故不及之夫地有此土則天有此辰人自不及之耳彼國土豈本不對天星乎又如唐交河郡轄五縣去長安九千里本朝滇雲十四五郡去京師萬里安得不自分野以應天星而徒曰附於井鬼附於參井則以其地在前在後不當

言分野者之時故不及之後人耳食眞爲可笑前代都關中則邊備在蕭關玉門急而漁陽遼左爲緩本朝都燕則邊備在薊門宣府急而甘固莊涼爲緩本朝土木後也先駐牧吉囊俺答駐牧皆在松慶豐勝左右則宣大急今互市定則宣大爲緩邊備無定第在隨時爲張弛覘酋爲盛衰惟山東腹内向稱安靜之地近乃有朝鮮之變若倭得志朝鮮則國家又於登萊增一大邊也譚東事者止言遼陽剝膚而無一語及登萊不知遼陽雖逼然

舊邊地遼廓重兵一時不能得志且陸行千里寇至聲息時日得聞更有山海關之限登萊與朝鮮止隔二百里之水風帆倏忽烽燧四時非秋防非春汛其難守比諸邊爲甚惟近爲平壤屯田之疏者得之夫疏謂屯田平壤是因粮於敵之議也原爲省餉非專爲蔽山左然實墒伐敵謀平壤與登萊正對我師屯平壤則正蔽登萊烽燧毋能相及矣

近年例當時倡議互市自王少保而少保自宣大

以議宣大極多而三邊獨少今陝西諸邊年例不
足用而宣大歲歲節省宣大邊旣無備禦之事止
以節省爲邊功計資遷轉皆少保所遺
薊門與陝西邊上類報災異中非某城樓鴟吻出火
則某墩臺鎗刀上有火光無歲無之想殺死人血
燐所化遇重霄陰翳則聚而成光晴則散不然何
內地之無而獨於邊也
海內五岳余足跡已徧今所傳五岳眞形者云出自
上元夫人皆山川流峙之象以余所見殊不相蒙

豈神仙輩凌虚倒景從太空中俯瞰之其象與余輩仰視上方一隅者差殊也至於海外五岳靈山道經志之其云東廣乘之岳在東海中上有碧霞之闕瓊樹之林紫雀翠鸞碧藕白橘南長離之岳在南海中上有朱宮絳闕赤室丹房紫艸紅芝霞膏金醴西麗農之岳在西海中上有白華之闕三素之城玉泉之宮璚林瑞獸北廣野之岳在北海弱水中上有瓊樓寶闕金液龍芝中崑崙之岳在八海間上當天心形如偃蓋東曰樊桐西曰元圃

閒曰磧石北曰閬苑上有瓊花之闕光碧之堂瑤
池翠水金井玉彭所恨游岳路殊仙凡地隔覓之
則身不生翰思之則口爲流涎

廣志繹卷之二

赤城王太初先生著　林百朋象鼎
秀州曹秋岳先生定　北平　楊體元香山　較

兩都

兩都之制始自周家後世間效爲之我　朝以金陵開基金臺定鼎今金陵雖不以朝然　高皇所創　文皇所畱　廟謨淵渼實瞻符古人之意余兩宦其地山川謠俗聞見頗多兹特其尤較著者直隸郡邑各從南北而附

有輿王之理邵子明以堪輿言也但不盡吐露耳燕地太行峙西北大海聚東南氣勢大於晉中晉左山右河倚空向實而燕坐實朝虛黃花古北諸關隘峻險相連麗厚百里晉已發唐虞夏矣王家安得不之燕也舊燕在薊今京師乃石晉所賜遼人建爲元都者金元因之在今城西南今京師正唐漁陽上谷之間猶上谷轄比薊規模更博大天壽山自西山東折而來龍翔鳳舞　長陵一脉眞萬年寶藏之地也包絡蟠亘倍蓰鍾山或云此即

宋燕山竇氏故居然今竇氏莊乃又在薊門城東豈亦所謂別墅者耶

太行首始河南尾遶山海而出數千里其至京師則名西山舊稱第八陘在燕厚數十百里勢則連山巨坂地軸天關勝則春花夏果秋雲冬雪艮儒觀也居庸紫荆倒馬爲內三關咸隸太行太水如桑乾清濁漳咸穿太行東出

安宮闕之制前代極侈麗秦無論即如漢世既用長樂宮矣又治未央兩朝並建東西對峙帝后

加居然長樂亦非以狹小也其垣墻亦周二十里至未央墻又加圍八里殿高至三十五丈是長安城中盡宮闕也比武帝又作建章宮於城外高五十丈下視未央跨城爲閣道飛輦以度而甘泉明光離宮又百餘意當時積儲多而秦壠大木亦不難致及至城郭反不立而惟用繚垣何緩於設險而惟土木之啚也我　國家止建一朝諸宮殿皆在朝殿之後垣城之內高亦至百尺而止敦朴崇儉實遠邁百代

宮闕之制紫金城固正中而外垣則東狹西潤西員東方畱都則已先爲之而北都取法焉不以方整爲規此如宋太祖城汴京故意刓方爲蓮花形創造之君其規模建置必有深意

西苑在禁垣西內有太液池池內有瓊華島島上有廣寒殿喬松高檜儼然蓬萊綠荷開時金碧輝蘸永宣朝嘗勅侍從游之如三楊業皆有記此禮數近不聞矣苑東北萬歲山正直宮門後隱映城闕亦禁中勝景也然不敢登其麓以煤土堆疊之此

亦有深意

京營十二團營于公謙所置也仇鸞以勳王怙寵入理戎政乃改爲三大營曰五軍曰神機曰神樞總之曰戎政府爲製印章以王邦瑞爲副鸞請張鶴齡故第改建府衙居之小廨四周居大同兵五百自衞日用以訓練京軍鸞又以給事中御史巡視不便請革從之今臺省雖復而營軍皆跟蹡見戲人馬徒費芻粟實無用也京師根本之地誠不得不宿重兵但存其名無益於事

南海子即古上林苑中大小三海水四時不竭禽鹿麛兔果蔬艸木之屬皆禁物也據址周一萬八千六百丈尚不及百里僅當漢之十一雖有按鷹等臺亦不爲甘泉校獵之用乃本朝度越處然非獨官家也即史稱茂陵富民袁廣漢築園於北山下搆石爲山高十餘丈養白鸚鵡紫鴛鴦犛牛青兕積沙爲洲嶼激水爲波濤致江鷗海鶴孕雛產鷇延漫林池奇艸異樹重閣修廊移刻行不能徧廣漢後罪沒鳥獸艸木皆移入上林苑中然袁園稱

東西四里南北五里則亦周十八里今極稱吳中佳麗然縉紳中何得有此況民間乎

南城建於嘉靖癸亥蓋雷司空禮因風災建議懲於庚戌之故近土哱叛有議於京四隅五十里外建四城每城分京營軍萬人居之犄角以護京師者此爲土哱時議似迂若就京師論北虜南倭平壤無險城此甚爲得策不過費十萬金錢而足也

玉河源自玉泉山流經大內出都城東南注大通河一以入禁籞一以濟漕儲故官民不得擅引著爲

令城内止袁錦衣家分一股作池舊傳袁指揮彬

隨　英皇北狩上偶執水灌黃鼠袁泣曰此非我

百里外負來者耶　英皇悔曰若還都令爾家水

用不盡故回鑾析玉河酬之亦異數也

金山出城三十里宮人不得附　天壽陵者咸葬金

山故朱門蜃墻金鋪綉脊從高望之儼然一幅畫

圖也其南曰甕山乃元耶律學士墓耶律博雅亡

論夔狄卽中國亦季札公孫僑之儔

湖在玉泉山下泉水所滙環湖十餘里皆荷蒲菱

次故沙禽水鳥盡從而出沒焉出湖以舴艋入玉河兩岸樹陰掩映遠望城闕在返照間每　駕幸西山必由此回鑾

長安勳戚伯恩澤侯金吾駙馬玉帶無歲無之南人偶一封拜則以爲祖宗福廕之奇而北方爾爾者葢京師大氣脉官家得以餘勇賈人然縉紳文學侍從竟亦不如各省直之多者亦文武彼此盈虛消息之理

緇宮佛閣外省直縱隹麗不及長安城什之一二葢

皆中貴香火工作輒效闕庭故香山碧雲甲于天下然每一興造諸匠役食指動庇千萬頭故能爲此者亦刑餘之賢者也不則近日貴璫如保如誠如用仍轉之内帑焉已

石鼓十枚乃周宣王田獵之碣與小雅車攻大同小異皆籀文高可三尺員而似鼓初在陳倉野中唐鄭餘慶遷至鳳翔孔廟失其二宋皇祐間一得之於敗墻甃中一得于人家鑿之以爲臼靖康末金人取歸燕今置於北成均廟門

小民衆庶家易興易敗外省富室多起於四民自食
其力江南非無百十萬金之產者亦多祖宗世業
惟都城人或冒內府錢糧抑領珠寶價值抑又賃
買中貴公侯室居而掘得地藏窖金以故數十萬
頃刻而成然都人不能居積則遂鮮衣怒馬甲第
瓊筵又性喜結交縉紳不惜津送及罹於法一敗
塗地無以自存余通籍二十年眼中數見其人
都人好游婦女尤甚每歲元旦則拜節十六過橋走
百病燈光徹夜元宵燈市高樓珠翠轂擊肩摩清

明踏青高梁橋盤盒一望如圖畫三月東嶽誕則
耍松林毎毎三五爲羣解裙圍松樹團坐藉草呼
盧雖車馬雜沓過不顧歸則高冠大袖醉舞驢背
間有墜驢臥地不知非家者至中秋後遊踪方息
昔人謂輦轂之下萬姓走集無怪乎醉人爲瑞也
所可恨者向有戒壇之游中涓以妓捨僧浮棚滿
路前僧未出後僧倚候平民偶一闖羣僧箠之且
死邇以法嚴禁之十數年惡俗一清矣
人不善居室富者一歲止計一歲之用恣浪費鮮

工商胥吏之業止作車夫驢卒煤戶班頭而已一切工商胥吏肥潤職業悉付外省客民又嗜辛辣肥醲其氣狂盛多嗜鬬狠常以酒敗其天性然也婦人善應對官府男子則否五城鞭喧閙有原被干証俱婦人而無一男子者即有婦人藏其夫男而身自當之

燕趙古稱多悲歌慷慨之士即如太子丹一事何一時俠烈者之多也千古俠骨如荆軻不惜已頭爲然諾如樊於期以死明不言如田光先生荆卿所

待與俱如狗屠矐目而筑撲秦王如高漸離報仇而護窮交如燕丹當時聖澤未遠皆一行偏才以末世視之種種亦何可及至于荊軻易水歌與史稱賓客皆白衣冠送與荊軻就車而去終已不顧二語俱千古造化之筆

盤山在薊城西北透迤沉邃百菓所出山北數峯陡絶絶頂有大石搖之輒動二龍潭據其上下有潮井傍京之地山谷蘢嵸有致者近稱西山遠稱盤山

宜泥土江北沙土南土濕北土燥南宜稻北宜黍粟麥菽天造地設開闢已然不可强也徐尚璽貞明潞水客談欲與京甸爲水田彼見玉田豐潤間有一二處水田者遂槩其大勢不知此乃源頭水際民已自稻之何待開也即如京師西湖畔豈無水田彼種稻更自香馥他處豈盡然乎余初見而疑之猶以此書生間談耳不意後乃徑任而行之無水之處强民浚爲塘堰民一畝費數十畝之工矣及塘成而沙土不瀦水雨過則溢止則涸北

人習懶不任督責幾鼓衆成亂幸被參而其事中止也余又聞沈太守襄于直沽海口開田百頃數載入冊升科矣一夕海潮而沒固知天下事不可懦而無爲尤不可好于有爲事至前不得已而應者方爲牢矣

黃金臺在京城東南大小二古墩然燕昭王築黃金臺於易水以延天下士則易水爲舊址而各處效築者非一京臺亦其名爾

冋者九河之間也九河如徒駭太史等爾雅所載

舊志兼載其地然與今書傳不甚合酈道元程氏皆謂九河淪于海夫禹疏九河正謂于海尚遠河爲地患故疏之也若淪于海是在海岸何必疏且開州有緜堤則九河必在大伾之東瀛海左右但年久湮塞不可攷而馬頰諸河今山東東昌濟南間多以此冠舊河之名如云鬲津枯河自齊河經禹城平原德州德平陵東北至海豐入海鉤盤枯河自德州經德平東北至陽信覆鬴枯河自慶雲經海豐南入海又濟陽縣東北至齊河縣境有馬

頹枯河莘苑之間亦有馬頹河
鄭州藥王廟以祠扁鵲而右祀三皇配以岐伯雷公
鬼臾區俞跗等十人兩廡則塑自扁鵲至丹溪百
數餘人丹堊鉅麗土木精工無比云此地有越人
冢又有藥王祖業莊然衛輝亦道樹扁鵲墓石
直沽海口爲北直諸水尾閭其流之最遠者有桑乾
河出自鴈門之陰從保安州入下盧溝會白河入
海滹沱河出自鴈門之陽繁峙縣從靈壽入下河
間之易水入海衛河出自衛輝遠納潞州之清濁

漳至臨清會運河至交河北又會邢眞諸水入海
此皆源出山西腹穿太行而來者

碣石在永平昌黎間離海岸三十里遠望一山如冢山頂大石如柱韋昭謂碣石舊在河口海濱歷世旣久爲水所漸淪入海想此是也楊用修謂此右碣石又有左碣石在高麗樂浪唐書云長城起於此山

眞定龍興寺後大悲閣有千手觀音像高七十三尺其閣高一百三十尺拆梁九間而爲五層蓋眞定

之銅像嘉定之石像皆大像之選也以上北都

南都春秋本吳地無城邑可攻越滅吳城長干楚滅越改金陵秦滅楚改秣陵遂鑿秦淮時已有元武湖漢改丹陽郡吳改建業立都城八門作太初宮東鑿清溪西運瀆俱達秦淮設朱雀航於大航門猶今浮橋也晉改爲建康以宰相領揚州牧築城於清溪東臨淮水上號東府城別舊治爲西州城以丹陽守爲尹宮城仍吳之舊新作建康宮大司馬門宋齊梁陳因之隋平陳建康城邑俱廢于石

頭傍置蔣州後又改爲丹陽郡而揚州治縣移于江都唐改爲昇州南唐復爲都宋滅南唐復昇州建國尋改建康府後高宗駐蹕以府地爲行宮置留守元即建康府治開省故宮俱存然則孫吳六朝宮城乃在漢府珍珠河之間武定橋爲朱雀航處南唐宋行宮在今內橋直對鎮淮爲御街本朝宮城則塡東方燕雀湖爲之在舊城之外惟聚寶三山石城三門仍舊起通濟右轉至清涼則皆新拓之周九十三里外垣倍焉此南龍一統之始也

然城寥廓有警不易守鍾鼓樓以北似可斂而縮之

宮城塡浮土而棄故墟或疑其故余謂以堪輿家推之則留都之勝似爲左仙宮境內山起攝山右去則爲臨沂而鍾山其拇指根也覆舟而西雞鳴盧龍直瀆石城而至于冶城皆當掃蕩之墟流而不止六代唐宋宮之正當其覆敗處左武岡雲穴青龍石梔天印聚寶天闕而止于三山咸環抱而無穴塲　皇祖與青田輩亦熟籌之歷朝以來都宮

郡邑遷徙靡常城隍墩塹填塞代有以故窪池渠沼滿眼皆是地脉盡洩王氣難收六朝奄忽有自來矣欲盡棄之則室廬衢市人情重遷不若退卻稍東挨鍾山而填燕雀昔人謂池湖積水四世不流又謂山高一丈水深一尺故壅塞各土承受完胎免其騰漏非無自也但今入紅門而右山麓西走斜插偏枯當時若更東去四五里間直金門南下之處鋪脣展席餘氣隆起正坐鍾山四顧靜定如船泊岸留湖水舊城以爲下手此其居中得正

又不啻百倍

向余登清凉臺入門見巨井僧云此臙脂井也問臺城則指前岡今細考之則知吳苑城據覆舟山之前對宮門之後而晉臺城即修吳苑爲之華林園在臺城內而臨春結綺望仙皆華林園中閣臙脂井在閣前始知僧言之非也宋造華林園在盛暑時何尚之諫宜休息帝曰小人常自曝背不足爲勞六朝君善謔而不善理多如此

南京城中巨室細家俱作竹籬門蓋自六朝時有之

輿地志云自宮門至朱雀桁作夾路築墻瓦覆或作竹籬使男女異行又宮苑記舊京南北兩岸設籬門五十六所邑之郊門也

出西安門長安街斜掠西南而去葢宮城繚垣之右原如舞鳳之翼不與東齊故街如之而三山等達道皆偏頗曲折不甚方嚴惟鎮淮內橋尚存御街之舊餘則四處方隅時或眯目

舊院有禮部篆籍國初傳流至今方練諸屬入者皆絕無存獨黃公子澄有二三人李儀制三才覈而

放之院內俗不肯詣官亦不易脱籍今日某妓以事詣官明日門前車馬無一至者雖破家必浼人爲之居間裘馬子弟娶一妓各官司積蠹共窘嚇之非數百金亦不能脱

大江入地丈餘南中之濕非地卑也乃境內水脉高常浮地面平地略窪一二尺輒積水成池故五六月霪潦得暑氣搏之濕熱中人四方至者非疥則瘇即土著者不免惟樓居稍卻一二

元武湖大十數里中洲爲冊庫以藏版籍樓開東西

牖隨日照之得不蛀初患鼠賜督工老人毛姓者爲土地乃安非督册臺省度支郎不得入其地四山蘸翠藕花滿湖香氣襲人月明之夕遊賞爲最

大報恩寺搶以藏康僧所取舍利龍神人獸雕琢精工世間無比先是三寶太監鄭和西洋回剩金錢百餘萬乃勅侍郎黃立恭建之琉璃九級唇吻鴟尾皆埏埴成不施寸木照耀雲日内設篝燈百四十四雨夜舍利光間出遶塔人多見之嘉靖末雷火宮殿俱燬

秦始皇以望氣者之言鑿鍾阜斷長壠以泄王氣故名秦淮其源一出句容之華山一出溧水東廬山合源於方山埭西流入城至淮青橋乃與青溪合緣南城而出水關水上兩岸人家懸樁拓梁爲河房水閣雕欄畫檻南北掩映夏水初潤蘇常遊山船百十隻至中流簫鼓士女闐駢閣上舟中者彼此更相覷爲景盞酒家烟月之趣商女花樹之詞良不減昔時所咏

牛首山寺西廂門有一竅塔影入焉見佛桌帷上乃

是倒掛欄楯鈴甋色相儼然其傍樹影又直立可異也然塔本西方創故多異余台雙憤塔影乃落黃埿塘中隔烟火三里立塘畔見影不見塔近始爲塘畔人家塡塞之又觀桯史云泗州僧伽塔一日影見於城中民家又輟耕錄云松江城中有四塔夏監運家在其東而日出時有一塔影長五寸倒懸西壁上又夷堅續志云南雄延慶寺有三塔影不以陰晴見一倒影二懸影向上如見人家廳堂上主科名見房厠則凶此有理之不可曉者

鳳陽龍興之地，當時乃不建城郭，或謂堪輿家以此地　皇陵所奠，於城郭不宜；或又謂　聖祖念湯沐地民力困於戰爭之後，不暇及也。然觀漢高祖誅秦滅項，建都長安，亦不造城，而止作繚垣周三百里，至惠帝始城長安。

呂梁洪石齒廉利，嘉隆間黃河漲，石漸入水，止水上盤渦。余癸酉上春官時猶及見之，至丁丑漲甚，則盤渦亦無矣。今河漸漲，堤漸高，行堤上人與行徐州城等，若黃河年年如此，則自開闢以來，今不且牛天乎何不漲於昔而漲於今也向思之不得其故及今行徧宇內始窮山川源委而悉之葢此乃中龍過脉處也泰山爲中龍之委自荆山大幹生至六蓼遂落平洋牽連岡阜至徐邳過脉北去而起泰山黄河原流泰山之北至直沽入海此特泗水一派浮流兩洪之上耳隋時煬帝幸江都引黄河入汴泗河始流斷龍脉隔泰山而北之然中龍脉王伏地而行河水流地上畢竟不能斷絕其脉而地脉之起伏有時今此數十年正當其起也

脉湓涌而起故河身日擎捧而高此豈鐵埽帚滚江龍之所能刷而低之乎爲此策者眞兒戲見也過數十年後地脉既伏沙泥自去河身自陷下耳或謂地脉何以知其起伏曰濟水昔行地上王莽時伏地而行遂至今不敢至趵突方穴而出非耶堪輿家指地墳而起者爲吉正謂下有氣脉耳此理向無人識須與通天地人者一抵掌

清江板閘之外乃淮河之身而黄河之委也黄淮合處水南淸北黄嘉靖末年猶及見之隆萬來黄高

勢陡遂闖入淮身之內淮縮避黃返浸泗湖水遂
及 祖陵明樓之下而王公堤一線障河不使南
淮民百萬岌岌魚鱉余丁亥冬過淮適值行河省
臣常且至因頊與淮父老講求之上遡泗陵下汎
海口始悉顛末謂非另造一支河不可衆聞咋舌
云黃河可造乎眞落落難合也余爲析其故桃源
三义廟有老黃河故道 武宗南幸欲兩岸牽挽
龍舟始塞泯之今遺身猶隱隱存若從此挑一河
與今河湀瀾齊直至艸灣放淮水與之合 祖陵

與淮城自無患欲浚海口者非也海口二百里從
何濬且海口比河低甚非海口罪因爲疏上之而
總河大臣與省臣謂余侵其事百方阻不行十年
後余入太僕時祖陵且壞直指發其事河臣削籍
待罪司空氏始悔余言之不用也復遣省臣行視
之仍依余言僅於入口處稍改從上流黄灞口入
漁溝以東與余前疏同畢竟另造一黄河費近百
萬河成淮出矣方報浚而黄河一夕南徙又决黄
堌口一千二百餘丈下睢寧當事者又恐徐邳流

竭爲運道梗議浚議塞漕河兩大臣言人人殊今
尚築舍道傍也

黃河之衝止利捲埽而不利堤石蓋河性遇踈軟則過遇堅實則鬭非不惜埽把之衝去也計一埽足資一歲衝刷而止明以一歲去此埽而護此堤也來歲則再計耳若堤以石石不受水水不讓石其首激如山遂穿入石下土去而石遂崩矣余見近督河者所作石堤往往如此而常自護過不肯以爲非

淮揚一帶揚州儀眞泰興通州如皋海門地勢高湖水不浸泰州高郵興化寶應鹽城五郡邑如釜底湖之壑也所幸一漕堤障之此堤始自宋天禧轉運使張倫因漢陳登故跡就中築堤界水堤以西滙而爲湖以受天長鳳陽諸水繇瓜儀以達於江爲南北通衢堤以東畫疆爲田因田爲溝五州縣共稱沃壤起邵伯北抵寶應蓋三百四十里而遥原未有閘也隆慶來歲水堤決乃就堤建閘實下五尺空其上以度水之溢者名減水閘共三十六

座然一座凋五丈則沿堤加三十六泱𠩄是毎次決水共一百八十丈而凋也雖運濟而田爲壑矣所賴以瀦止射陽廣洋諸湖出止丁溪白駒廟灣石𥗟四𠩄耳近射陽巳漲與田等它水者可知丁溪白駒二塲建閘修渠金錢以萬計不兩年爲竈丁陰壞之又鹽城民惑於堪輿之言石𥗟之閘啓閉亦虛止廟灣一線通海耳近因淮溢陵寢泗人告急議者欲毀高堰從海𠩄道淮以周橋之水從子嬰溝入武墩之水從涇河入高良澗之水從氾

光湖入尚幸主議者見其難而中止耳若從其請欲盡從廟灣一線出則高寶五郡邑沮洳昏墊之民永無平陸之期畝畝賦稅公私不將盡廢矣乎五郡邑水田額粮亦不少泰州五萬二千三百石高郵二萬九千九百石興化五萬六百石寶應一萬二百七十石

高家堰在氾光湖西北乃漢揚州刺史陳登築當時水利大興宋轉運使張綸修之平江伯陳瑄又修之非今日始也堰之地去寶應高可一丈八尺高

郵高可二丈二尺而高寶堤去與泰田有高一丈者有八九尺者其去堰愈下不啻三丈有奇若堰開則水激如箭登時巨浸故議泗溢而欲開堰者不爲淮南計未可也或謂開堰則可導淮繇瓜儀入江不知淮南地繇高寶而東則俱下由邵伯而南則又昂漕河高于湖者六尺餘鑿之通湖流達瓜儀僅可轉漕耳今高廟一帶四十里兩岸如山峙稍遇旱乾常苦淺澀且儲五塘水預接濟之萬曆五年大闢通江諸口矣湖水減不盈咫漕河舟

揖三十里内幾不過二十年又開金家灣芒稻河矣隄決如故湖水東奔未少殺此南北低昂之一驗也或又謂堰不開則淮不出不知堰下洪澤阜陵諸湖亦低與高寶同仰受淮水如釜底皆清口沙限之如門檻然闗清口則淮出矣不然二十一年高澗決七十餘丈而泗城水減不過尺許則泗溢不盡繇堰也此見陳大理應芳水議中

淮陽年少武健鷙悍椎埋作奸往往有厄人胯下之風鳳潁習武好亂意氣逼人雄心易逞白下則鮮

衣冶容流連光景蓋六朝餘習猶有存者大抵古
今風俗不甚相遠
維揚中鹽商其鹽廠所積有三代遺下者然長蘆鹽
竊之淮揚賣而淮鹽又竊之江南賣長蘆之竊其
弊竇在往來官舫淮揚之竊其作奸在盂瀆流徒
淮鹽歲課七十萬五千一百八十引徵銀六十萬
兩可謂比他處獨多矣而鄢茂卿督理時欲以增
額爲功請加至百萬徵不足則括郡縣贖鍰及剩
商人餘貲足之商人多破產怨嗟載道及嘉靖末

年分宜敗御史徐爌上其狀司農覆議始減炤原
額從之
揚州五塘一曰陳公塘延袤八十餘里置自漢陳登
一曰句城塘六十里置自唐李襲譽一曰小新塘
一百一十里一曰上雷塘下雷塘各九十里皆創
自先朝千餘年停蓄天長六合靈虹壽泗五百餘
里之水水溢則蓄於塘而諸湖不致氾濫水涸則
啓塘閘以濟運河嘉靖間奸民假獻仇鸞佃陳公
塘而塘堤漸決鸞敗而嚴世蕃繼之世蕃敗而維

揚士民攘臂承佃陳公塘遂廢一塘廢而諸塘繼之夫五塘大於范光邵伯五湖數倍水既不入塘惟汎於湖故湖堤易决他日堤東興鹽高泰五州縣之民悉爲魚矣所佃之稅止七百餘金耳視五州縣之民數百萬粮二十餘萬何啻倍蓰之而竟不可復者則以今之所佃皆豪民富商及院道衙門積役其勢足以動摇上官故雖以家司寇督漕吳太守理郡皆鋭意復之竟亦中止

廣陵蓄姬妾家俗稱養瘦馬多謂取他人子女而鞠

育之然不啻已生也天下不少美婦人而必於廣陵者其保姆教訓嚴閨門習禮法上者善琴棋歌詠最上者書畫次者亦刺繡女工至於趨侍嫡長退讓儕輩極其進退淺深不失常度不致憨戇起爭費男子心神故納侍者類於廣陵覓之

揚子江南零水與建業石頭下水異此出茶經水辯中謂唐李季卿刺湖遇陸處士使操舟取南零水煑茶陸揚以杓曰江則江矣非南零似石頭下水也既傾至半曰是矣使服曰某所取南零水抵岸

蕩覆半挹岸水增之耳李嘆駭問海內諸水優劣羽曰楚水第一晉水最下李命筆羽遂次第二十水歐陽公又傳羽論水以山水上江水次井水下又云山水乳泉石池漫流者上混湧湍瀨勿食令人有頸疾江水取去人遠者井取汲多者張又新小記又云劉伯芻謂水之宜茶者七皆出於羽今次劉陸水品劉以揚子江第一惠山石泉第二虎丘石井第三丹陽寺井第四揚州大明寺井第五松江第六淮水第七與羽皆相反羽以廬山康王

谷第一惠山泉第二蘄州蘭溪石下水第三峽州扇子峽蝦蟇口第四虎丘第五廬山招賢寺下方橋潭第六揚子江南零第七洪州西山瀑布第八桐栢淮源第九廬州龍池山頂第十丹陽觀音寺井十一揚州大明寺井十二漢江金州中零十三歸州玉虛洞香溪十四商州武關西路水十五松江十六天台千丈瀑布十七郴州圓泉十八嚴陵灘十九雪水二十如蝦蟇口西山瀑天台瀑羽皆戒人弗食今使余嘗一水此水美惡則立辨之明

至他處口已遺忘矣安能并海內而記其次第品藻之如余輩眞所謂鮮能知味也若畱都城內井則皆穢惡不堪食又多鹻余嘗取秦淮水礬澄之

茅山初名句曲道書第八洞天第一福地後因三茅君得道於此上昇各占一峯故又稱三茅山金陵志茅山與蜀岷峨相首尾蔣山寔其脉之盡者固然然茅山不得與岷峨首尾也爲岷峨尾者乃天目耳句曲亦從天目發龍

太湖三萬六千頃山環七十二峯中有洞庭兩山亦

名包山下有洞穴潛行水底九疑衡岳無所不通號爲地肺道書第九洞天禹貢謂之震澤周官爾雅謂之具區其別名曰五湖以其派通五道虞翻謂東通長洲松江南通安吉霅溪西通宜興荆溪北通晉陵滆湖西南通嘉興韭溪者是也張勃吳錄謂其周行五百里故以爲名義興記謂太湖射湖貴湖陽湖洮湖爲五湖韋昭謂胥湖蠡湖洮湖滆湖太湖爲五湖水經謂長塘湖射貴湖上湖滆湖太湖爲五湖圖經謂貢湖遊湖胥湖梅梁湖金

鼎湖爲五湖史記正義謂茭湖遊湖漠湖黄湖胥
湖皆太湖東岸五灣爲五湖皆出臆度
三江以吳松江爲主在吳江東源出太湖又名松陵
江又名松江又名笠澤經崑山入海顧夷吳地記
云松江東北行七十里得三江口東北入海爲婁
江東南入海爲東江并松江爲三江言經三江入
海非入震澤也此與唐仲初吳都賦同乃以吳三
江言其他如以松江錢塘浦陽爲三江者韋昭之
注也以歷丹陽毗陵入今大江者爲北江首受蕪

湖東至陽羨者爲中江分外石城過宛陵入具區者爲南江此黃鄭山之論也以出岷山至楚邦名南江至潯陽爲九道名中江至南徐州名北江入海此徐鉉之注也岷山大江所出崍山南江所出嶓山北江所出三江皆發源外蜀而注震澤禹貢紀其源而及其委此山海經之注也此皆以天下言大都三江既入當以吳地記爲正蓋此皆太湖水也或者其初蕩溢至江口分而入海乃遂底定亦疏九河之意何必牵强以至蜀都

三江口在姑蘇下流國語所謂越王擒之於三江之浦是也故當以吳地記爲正今吳松江本支雖間湮塞河身故存黃浦卽東江之別名劉河乃婁江之舊跡劉河則自入海黃浦入處則與吳淞共口矣吳松南至錢塘內海鹽平湖金山華亭上海共一捍海堤竝無涓滴自入江海自吳松北至京口則七浦楊林諸河徑入海白茆福山孟瀆九曲等河徑入江共二十餘河前代滄桑不能盡攷乃近日所導則萬曆辛巳行水使者闞治江中淤塞四

十里復吳淞江之舊又決去吳淞灘漲數十處使太湖積水直流吳淞又濬松之山涇等港秀州官鹽鐵蒲滙六磊等塘洩澱泖之水於黃浦浚蘇之吳塘顧浦戚虞涇南北橫瀝等處洩崑嘉太倉諸水於劉河復浚白鶴溪荆城港西洮裹河洩長蕩荆溪諸水入外運河其他白茆七浦自入江海又於夏駕漫水江口竝建一閘葢吳中唐以前未有水患始自吳江長堤之築國初夏忠靖專力夏駕新洋一時裨益其後新洋湍悍深濶而吳淞脉微

土人以此稱爲漫水港大都水之利害古今異宜
數十年後三吳又不知作何講求耳
姑蘇張士誠王宮之址當時取三與土培築以成者
謂嘉與長與宜與也止取與義輒輕用民力至此
本朝遂空其地任民間自挖取之
蘇松賦重其壤地不與嘉湖殊也而賦乃加其什之
六或謂沉沒三萬時簡得其莊佃起租之籍而用
以起賦或又謂張王不降之故欲屠其民後因加
賦而止皆不可曉畢竟吳中百貨所聚其工商賈

人之利又居農之什七故雖賦重不見民貧然吳人所受糧役之累竟亦不少每每僉解糧頭富室破家貴介爲役海宇均耳東南民力良可憫也今總吳中額賦蘇州縣八至二百二十六萬四千石松縣三至九十五萬九千石嘉縣七止六十一萬八千石湖州縣六止四十七萬石常鎮比嘉湖雖過什之三比蘇松尚少什之六

姑蘇人聰慧好古亦善倣古法爲之書畫之臨摹鼎彝之冶淬能令眞贋不辨又善操海內上下進退

之權蘇人以爲雅者則四方隨而雅之俗者則隨而俗之其賞識品第本精故物莫能違又如齋頭清玩几案牀榻近皆以紫檀花梨爲尚尚古樸不尚雕鏤卽物有雕鏤亦皆商周秦漢之式海內僻遠皆效尤之此亦嘉隆萬三朝爲始盛至於寸竹片石摩弄成物動輒千文百緡如陸子匡之玉馬小官之扇趙良璧之鍛得者競賽咸不論錢幾成物妖亦爲俗蠹

虎丘天池茶今爲海內第一余觀茶品固佳然以人

事勝其採揉焙封法度錙兩不爽即吾台大盤不在天池下而爲作手不佳眞汁皆揉而去故焙出色味不及彼又多用紙封而蘇人又謂紙收茶氣咸盛以磁罐其貴重之如此余入滇飲太華茶亦天池亞又啜蜀凌雲清馥不減也然鴻漸茶經乃云浙西以湖州上常州次宣州杭州睦州歙州下潤州蘇州又下浙東以越州上明州婺州次台州下劍南以彭州上綿州蜀州次邛州次雅州瀘州下眉州漢州又下而不及嘉興滇豈山川清淑之

氣鍾之物者故與時異耶
吳中子弟嗜尚乖僻崇欲立異上人邇者一二怪民遂因而釀亂翩翩裘馬公子爲所煽惑而入之幾墮家聲然有司不能拯解緣以文致其詞捕風捉影網羅成獄以實上官之舉亦可憫也
李太白晚依當塗令李陽冰其族也故宛陵山川一丘一壑猿狙之窟黿鼉之宮無所不到賦咏亦多及其嚮往謝公屬意青山生則流連死而葬之眞見古人風度騎鯨捉月之事幻妄可笑不知何事

得來
山居人尚氣新都健訟習使之然其地本勤人本儉
至鬬訟則傾貲不惜卽官司笞鞭一二杖參差便
以爲勝負往往浼人居間若巨家大獄至推其族
之一人出爲衆死或抹顙叫閽或鎖喉赴臺死則
衆爲之祀春秋而養子孫其人受椎不死則傍有
死之者矣他方卽好訟謀不至是鋪金買埒傾產
入關皆休歙人所能至於商賈在外遇鄉里之訟
不啻身嘗之醵金出死力則又以衆幫衆無非亦

爲己身地也近江右人出外亦多效之以上南京

廣志繹卷之三

赤城王太初先生著　北平林百朋象鼎
秀州曹秋岳先生定　楊體元香山較

江北四省

周宋齊魯晉衛自古爲中原之地是聖賢明德之鄉也故皆有古昔之遺風焉入境問俗恍然接踵遇之蓋先王之澤遠矣故以次於兩都

河南諸水以河爲經附河諸郡水濟潁睢淝溱洧伊洛瀍澗俱入焉北以衛河爲輔而漳於境外合之

南以淮河爲輔而汝自境內合之然多截流橫渡而已春夏水漲則堤岸爲魚冬水涸則沙灘成地無舟楫之利無商賈之埠無魚鱉之生間或有之亦不多也惟南陽泌淯諸水皆南自入漢若與中州無涉者然舟楫商賈反因以爲利

中州山皆土壠不生草木亦不結錯局氣行於地而不行於山也惟嵩高土皮石骨蒼翠相間特出爲奇其他則西南邊境處間有青山山脈亦自西南而來下終南歷商洛武關東則一支循伊洛龍門

而行去爲嵩山南則一支出魯山經泌陽桐栢去
爲荆山直循淮泗南行爲正幹
黄河故道由大名趨河間徑直沽入海自隋煬帝欲
幸江都龍舟十四丈汴水狹不能容乃引河入汴
當時止一時度舟計耳不意河流迅急一入不回
遂爲千百年之害葢河北地勢高汴河身低又河
南土甚疎理任其衝突奔潰故一入不回余見世
廟時有欲求禹故道者眞迂儒之言也
三門而下石磧如山連延百里河過砥柱响聲如雷

漢時轉漕關中皆繇此路不知何以挽舟而上或
謂古有月河今石磧中皆無形影可求
中州雖無山然出美石黑者如清油白者如截肪不
若江南之粗理也桐栢花石更隹不減大理諸菓
品味勝爲沙土所植其田土甚寬有二畝三畝作
一畝名爲大畝二百四十弓爲小畝地廣人稀眞
惰農也
八郡惟睢陳難治以多盜故光羅山難治以健訟故
盧氏南召難治以好逋故洛中難治以豪舉故滎

陽滎澤難治以衡疲故
大河南北自古爲戰爭之地治平以來忘戰久矣官無一將帥民無一兵勇都閫諸職掌不過具軍衞尺籍焉已民壯弓兵之設止備郡邑勾攝雖有唐汝諸守備名爲防礦而麾下無一卒且白蓮教諸左道與師尚詔曹崙等往往竊發安得謂中州盡無事也若待有事索兵則晚矣故甲午饑民之亂當事者袖手而計無出余初入省垣謂中州當立一遊擊募兵二千隨地練習以防意外譚者以爲

迂及陳金王自簡等變起始信余言之不誣也

四瀆惟濟水奇性喜伏流流雖伏然迅急與地上等本穿黃河截流而過又能不與河水混及其千里出地爲跑突高六七尺濟源出初之處又能洄伏藏匿所浮物至年餘而出若用機者然造物之恠如是

河北三府幅幀不能當一開封業已分封趙鄭二府矣近乃又改潞府于衛輝城池既狹人烟又稀土田少沃與衛陽相去遠甚且通省建藩已至六國

尚有廢府諸郡兩河民力疲於祿米之輸甚矣而諸藩供億尚爾不足諸藩惟周府最稱蕃衍郡王至四十八位宗室幾五千人以故貧無祿者不得不雜爲賤役或作爲非僻稍食祿而無力以請名封者至年六七十猶稱乳名終其身故諸無祿庶人八口之饑饉既不免四民之生理又無望雖生於　皇家適以囚禁之反不如小民之得以自活也數年之內生育愈繁不知何以處之

中州俗淳厚質直有古風雖一時好剛而可以義感

語言少有詭詐一斥破之則愧汗而不敢強辯其俗又有告助有吃會告助者親朋或徵逋追負而貧不能辦則為草具召諸友善者各助以數十百而脫之吃會者每會約同志十數人朔望飲於社廟各以餘錢百十交於會長蓄之以為會中人父母棺衾緩急之備免借貸也父死子繼愈久愈蓄此二者皆善俗也

汴城在八郡中為繁華多妖姬麗童其人亦狡猾足使城中壽山艮岳乃宋時以童貫領花石綱為之

者石至數十丈今尺堄不存不知移於何處城外繁臺土人念繁爲博亦未審其義所自始或云郎梁孝王平臺又云師曠吹臺上有大禹廟貌河洛思功宇然廟貌狹不稱所以祠禹者

周公測影臺在登封五十里村中舊郜縣也對箕山許由塚有所遺量天尺存其所豎小石碑果夏至日中無影古云陽城天地之中然宋時測景又近汴唐顏魯公又于汝寧城北小阜立天中山碑亦謂夏至無影

周公卜洛時未有堪輿家也然聖人作事已自先具後世堪輿之說龍門作闕伊水前朝卬山後環瀍澗内褁大洛西來横繞于前出自艮方嵩高爲龍左聳泰山爲虎右伏黄河爲元武後纏四山城廓重重無空隙余行天下郡邑未見山水整齊於此者獨南北略淺逼耳

洛陽水土深厚葬者至四五丈而不及泉轆轤汲綆有長十丈者然葬雖如許盜者尚能以鐵錐入而嗅之有金銀銅鐵之氣則發周秦漢王侯將相多

葬北印然古者塚墓大隧道至長里餘者明器多用金銀銅鐵今三吳所尚古董皆出于洛陽然大塚禁於有司不得發發者其差小者耳古器惟鏡最多秦圖平面最小漢圖多海馬葡萄飛燕稍大唐圖多車輪其緣邊乃如劒脊古者殮用水銀此鏡以掩心久之屍蝕而水銀不壞則鏡收之故硃砂翡翠以年代久近爲差尾羽觴不知其何始塚大者得百千隻以螭色而香者爲佳若氣帶泥黴青而滲酒者皆贋爲之耳郭公磚長數尺空其中

亦以甃塚壁能使千載不還於土俗傳其女能之遂殺女以秘其法今吳越稱以琴磚寶之而洛陽巨細冢墻趾無不有也

洛陽住窑非必皆貧也亦非皆範磚合瓦之處遇敗塚穴其隧道門洞而居亦稱窑道傍穴土而居亦稱窑山麓穴山而棲致挖土爲重樓亦稱窑謂冬燠夏凉亦藏粟麥不壞無南方霧濕故也

陝州靈寶二城皆西北濱河南阻山東南通一線路河崖高尋丈故水不溢入城陝州城無水乃自交

口引涓涓來四十里穿城樓上過滴召公池中·
自洛陽西行左秦山右邙山皆緜亘數百里直至函谷中夾線路而已邙山外則大河包之秦山後則萬山叢出故秦關百二眞天險也新安縣在山上東西可二里南北僅百步自新安上山至義昌始下平坡義昌澠池所轄也過澠池至硤口又上山大抵入秦之道皆仰行孟津在邙山外止轄河坡一帶縱不過五里橫十之與新安二縣爲洛中最小而疲

衛水發源蘇門山如珠璣百萬飛躍可愛蘇門嘯臺爲孫登阮籍也其後李之才邵堯夫輩聞風興起今皆祀之而獨不及籍豈謂籍人品在諸公下耶

曹操七十二疑冢皆聚於一處不數十里而遠今亦有沉於漳河中者陶九成曰會須盡伐七十二疑冢必有一冢藏操屍余謂以操之多智即七十二冢中操屍猶不在也

函谷新舊二關舊函谷在靈寶去河岸數十里正老子騎青牛尹喜望紫氣處也新函谷在新安漢時

重關內族以爲帝里之民故徹侯不治事者謂關內侯樓船將軍楊僕伐越歸恥爲關外人乃盡獻家貲請徙關內武帝遂爲移關於其家外以就之漢家法紀乃至于是

洛陽舊有永寧寺後魏熙平元年靈太后胡氏所立也中有九層浮圖架木爲之舉高九十丈有剎復高十丈合去地千尺去京師百里遥已見之初掘基至黃泉下得金像三十軀太后以爲信法之徵是以營建過度剎上有金寶瓶容二十五石瓶下

有承露金盤三十重周匝皆垂金鐸復有鐵鏁四
道引刹向浮圖四角鏁上亦有金鐸鐸大小如一
石甕子共一百二十鐸浮圖四面面有三戸六牕
上有五行金鈴合五千四百枚復有金環鋪首殫
土木之功繡柱金鋪駭人心目風中聞十餘里北
有佛殿形如太極中有丈八金像一人長金像十
繡珠像三織成像五奇巧冠世僧房樓觀千間皆
雕梁粉壁青鎖綺疏異卉奇花布滿堦墀園墻皆
效宮墻門效端門夾以力士金獅皆飾金銀珠玉

青槐綠水路斷飛塵時有西域沙門達摩年百五十歲云歷游諸國此寺精麗遍閻浮所無也極佛界亦無有此孝昌二年大風寶瓶落入地丈餘復更新之後永熙三年二月浮圖爲火所焚初起第八級中當時雷雨晦冥雜下霰雪百姓道俗觀火者悲哀振天時有三比丘赴火死經三月不滅有入地柱火尋柱周年猶有烟氣其年五月有人從象郡來云見浮圖於海中光明奪目海上人咸觀之詳伽藍記

伏牛山在嵩縣深谷大壑之中數百里中原戰爭兵燹所不及故緇流衲子多居之加以雲水游僧動輒千萬爲羣至其山者如入佛國唄聲梵響別自一乾坤也然其中戒律齊整佛土莊嚴打七降魔開單展鉢手持貝葉口誦彌陀六時工課行坐不輟良足以引遊方之目感檀越之心非他方剎宇可比少林則方上遊僧至者守此戒是稱禪林本寺僧則娶酒啖肉習武較藝止識拳棍不知棒喝内召盧氏之間多有礦徒長鎗大矢褁足纏頭專以

鑿山爲業殺人爲生號毛葫蘆其技最悍其人千百爲羣以角腦束之角腦即頭目之謂也其開採在深山大谷之中人跡不到即今之官採亦不敢及今所採者咸近市井道路處也聞此一時貂璫以狐假虎殺人而吮其血撫按袖手而唯唯宛洛之間初至報富室以爲硐頭非厚賂不免維視礦脈則于富人墳墓掘之又非厚賂不免其借歇公差寄頓官物必尋富人之莊又非厚賂不免貧人則自褁糧而執役中產則計門攤以賠稅而奏官

仲春等踉蹡剝削擅逞淫刑亡論貧富人皆坐諸湯火藩司費萬金之出內帑不能得萬金之入昔人謂內帑之一金府庫之十金民屋之百金也良然 朝廷此舉聽於仲春之一言仲春之肉不足食第恐中州禍亂不知所究竟也

汝寧郡治二門兩石臺舊吳元濟牙臺也此淮蔡之地古稱亂邦險要之說不可以時平而廢府城正北突出爲半規建府治其中流汝水於下今汝齧于城之足矣泱汝水逆于西門則城浸鑿河崖穴

地道則半規者壞而不守非計也汝屬惟信陽據險城築於山岡之上四面皆低又淛水在前淮河在後最易守

汝寧惟光州所屬光固商息爲南五縣通淮河稍集商旅聚南貨覺文物與諸縣差殊人才亦輩出光山一薦鄉書則奴僕十百輩皆帶田產而來止聽差遣不費衣食可怪也商城自固始分當時草草分民不分土至今商城民住固始城中田耕于固始村內固始亦然兩縣令常以逋逃拘集而成口

語
確山南多稻田近楚俗北乃旱地漸見風塵其城四
里曾經流賊入屠之今城中民不二三百家又多
縉紳巨族女墻睥睨七百餘有城而誰與爲守且
貿易店鋪穀粟皆聚于東門之外一燎則城中坐
困矣縣後與學後又皆空地氣象蕭索余故移一
集于城中空處使人煙喧鬧以招徠目下王氣且
集場既立店舍漸興則穀粟可以次入城而此歸
市之民即守城之衆亦以默寓百年久遠之計柰

後來者不能深識余情而遽罷之
汝寧稱殷然烟火稠薪桂是急雨雪連朝即富室皆
裂門壁以炊而陵近有煤山然土嫩未成余曾鑿
燒之無焰想百餘年後用物耳
汝寧本樂土癸巳甲午大荒殺人以食死屍橫道有
骨無肉汝潁城中明貨人肉以當屠肆最可恨者
寶豐楊松家有祖父其祖餓甚令松謀父烹之松
遂殺父與祖共食此亦天地之一大變也故流賊
四起賊首確山泌陽桐栢間則陳金汝寧則王商

汝潁間則王自簡皆號召千百人張輿蘄執干戈以叛所幸浮光商固五州縣豐稔助亂者寡不能成大事也蘄荆山之北汝寧之南左有金剛臺右有栲栳山皆亂民所必資金剛臺在商城山高數十里其上平原周十餘里立營置寨足屯數千人土沃可耕路險阻不得上與麻城天台山相爲犄角栲栳山在確山桐栢間山高與金剛臺同其上則連大山逶迤數百里不絶吳元濟昔據之以得淮蔡城墻臺基闌千石址俱存俗又稱方城山謂

卽楚方城如草澤風塵二處皆當扼塞
宛洛淮汝睢陳汴衛自古爲戎馬之場勝國以來殺
戮殆盡郡邑無二百年耆舊之家除縉紳巨室外
民間俱不立祠堂不置宗譜爭嗣續者止以殮葬
時作佛超度所燒瘞紙姓名爲質庶民服制外同
宗不相敦睦惟以同戶當差者爲親同姓爲婚多
不避忌同宗子姓有力者蓄之爲奴此皆國初徙
民實中州時各帶其五方土俗而來故也
閭閻不蓄積樂歲則盡數糶賣以飾裘馬凶年則持

筐篋攜妻子逃徙趂食俗又好賭貧人得十文錢不賭不休賭盡勢必盜故盜益多且又不善盜入其家則必殺人乃所得皆重累易認之物今日所刧衣履明日即被服之而爲人所獲故每盜或十餘人駢首就戮而計贓乃不值一金余每心憐之而無法以脫也

中州僧從來不納度牒今日削髮則爲僧明日長髮則爲民任自爲之故白蓮教一興往往千百爲羣隨入其中官府無所查覈爲盜者亦每削髮變形

入比丘中事息則回無論僧行即不飲酒食肉者百無一人以上係河南

關中多高原橫亘大者跨數邑小者亦數十里是亦東南岡阜之類但岡阜有起伏而原無起伏惟是自高而下牽連而來傾跌而去建瓴而落拾級而登葬以四五丈不及黃泉井以數十丈方得水脈故其人禀者博大勁直而無委曲之態葢關中土厚水深川中則土厚而水不深乃水出高源之義人性之禀多與水推移也

南山謂終南山也脈自大散關而度左渭右漢黑白兩龍江注之其東出者自武功太白牽連而至商洛皆是南山如太行在燕代隨處異名耳太白極高上有積雪盛夏不消諺云武功太白去天三百山下軍行鳴鼓角則疾風暴雨立至今乃爲盜據而窟之游人莫到使山靈受汙武功亦北連太白與之竝峙太華削成四方高五千仞自回心石以上仰躡四十里少華三峯副之終南正面亘藍田盩厔中對長安登者經樊川杜曲諺云城南韋杜

去天尺五韋乃安石別業倒官中囊爲之杜則岐公墅而孫牧增爲者二曲爲唐長安林泉花竹最勝今皆荒落自此入山走深谷大壑郎三四百里不能窮中多修道求仙人數百歲者雲水游人往往覓得之子午谷去城南百里路自南通北正對長安故名然止單人獨騎可行昔魏延請孔明出軍貴妃飛騎進荔枝皆此

長安爲周秦漢隋唐所都歷代位置亦非一處然皆不出五十里之外周后稷封邰在漦城今爲武功

縣其後不窋失官竄於戎狄則慶陽有不窋城公劉徙邠緊邠州太王遷岐緊岐山至文王遷豐始近今長安之境緊鄠縣豐水出其谷焉靈臺基址尚存又東則爲鎬水武王都鎬緊與豐東西對峙相去二十五里名宗周也諸家皆言漢武穿昆明池鎬京故基淪入于池秦始保西垂至非子居犬丘當是畜牧之地緊今興平始皇改名廢丘示周廢不復興也孝公始作咸陽築冀闕而都焉其地九嵕之南渭水之北山以南爲陽水以北爲陽故

曰咸陽然史記黃圖皆云始皇都咸陽引渭水貫都以象天漢橫橋南渡以法牽牛則是跨渭水而都之漢長安城在龍首山上周豐鎬之東北也龍首來自樊川其初由南向北行至渭濱乃始折而東漢之未央據其折東高處爲基故宮基直出長安城上建章昆明皆在原西而秦長樂離宮漢修之亦東西峙焉其後以居母后名東朝三秦記曰此山長六十里頭入渭水尾達樊川頭高二十丈尾低可六七丈色赤漢既據其上立未央宮矣而

山勢尚東趨唐大明宮又據其趨東之壠故含元正殿高平地四十尺也若此山方北行未東之時垂坡東下爲龍首原原有六坡象易乾卦隋包六坡爲都城大興宮殿據第一坡應第二爻唐建都因隋無改止易宮名太極至高宗風痺惡太極下濕遂遷據東北山上別爲大明宮至山勢盡處引水以爲蓬萊山池因名大興爲西內大明爲東內又于別建興慶宮爲南內此五代都長安大略也咸陽有三秦城在本朝縣東三十里隋城在縣東

北二十里唐城在渭水北杜郵館西鎬京東逕磁石門乃阿房之西門名卻　門冀以吸　人隱刄正在鎬水入渭之處漢都長安其城在渭之南而秦咸陽之東南也故項羽自覇上而入秦都皆曰西上咸陽也隋都亦在長安實漢城東南十三里今西安府坐龍首山南十里未央東南十四里則今城正當大興舊址

長安宮殿惟秦漢最盛想當時秦壠大木多取用不盡若今嘉靖間午門三殿災萬曆間慈寧乾清災

動費四五百萬金府庫不足取之事例不足又取之捐俸不足又取之開礦一木之費輒至千金川貴山中存者亦罕千溪萬壑出水爲難卽欲效秦漢百一未能也姑舉兩朝崖略秦始皇所造宮室多在渭北每破侯國卽放寫其宮室作之咸陽北坂上以所得美人充之起咸陽而西至雍規恢三百里離宮別舘彌山跨谷複道相屬鐘鼓帷帳不移而具又三十五年別度渭南立上林苑中建阿房宮東西五十步南北五十丈上可坐萬人下建

五丈旗車行酒騎行炙記其緜亘則閣道八十里直抵驪山表南山之巔以爲塞絡樊川爲池以木蘭爲梁以磁石爲門度渭象太極閣道抵營室也其他萯陽棫陽平陽橐泉長楊祈年諸宮不暇殫舉漢脩長樂周二十里又起未央宮周二十八里前殿東西五百尺深百五十丈高三百五十尺至孝武以黃金爲璧帶文杏爲橑桂金鋪玉戶華榱璧璫雕楹玉飾青鎖丹墀又作建章宮周三十里于宮西跨城作飛閣搆輦道以上下爲千門萬戶

前殿下視未央別作鳳闕對峙井幹樓樓閣俱高五十丈輦道相屬焉而左鳳闕北員闕則高皆半之甘泉宮周十九里去長安三百里望見長安他如集靈五柞回中北宮長信不暇殫舉皇圖曰秦北至九嵕南至鄠杜東至河西西至汧渭之交東西八百里南北四百里離宮三百相望聯屬木衣綈繡土被朱紫宮人不移樂不改懸窮年忘歸猶不能徧漢畿千里內外宮館一百四十五所

長安稱關中蓋東有函關西有散關南有武關北有

蕭關而長安居其中其他如大震關之在隴右瓦亭關之在固原駱谷關之在盩厔子午關之在南山蒲津關之在同州豹頭關之在漢中設險守國皆在名義之內

始皇陵倚驪山下作者刑徒數萬雖其璧玉爲星辰水銀爲江河金帛機械無所不備業巳下錮三泉然登陵望之正當渭水反弓之處即以堪輿論固當二世而巳

自秦入蜀有三谷四棧道三谷者其西南曰褒谷南

曰駱谷從洋入東南曰斜谷從郿入其所從皆殊舊志謂駱谷儻谷同一谷褒谷斜谷同一谷非是其棧道有四出從成和階文出者爲沓中陰平道鄧艾伐蜀由之從兩當出者爲故道漢高帝攻陳倉由之從褒鳳出者爲今連雲棧道漢王之南鄭由之從城固洋縣出者爲斜駱道武侯屯渭上由之此四道三谷者關南之險阨攻取所從來固矣語見何仲默三秦志中然志稱同一谷者謂褒城谷北口曰斜南口曰褒洋縣谷南口曰儻北口曰

奴

駱

關中三面距險以東臨六國諸侯言耳非今之所稱備邊也雍州山原皆從西北來西北最高羌鹵據之故關中視中原其勢俯視羌酋其勢仰甘凉一路云斷匈[redacted]右臂葢不得巳而以人爲險守之也近日鹵侵番常奪路橫截而過時或任牧其中則西北之險我巳與鹵共之矣此地非漢唐撻伐深入其阻則番虁竊發中國安得寧居聞之陰山瀚海鹵皆野祀漢武唐宗如內土地神類其威靈所

懾久也

關中郡邑最遠者如鞏昌府成縣去府東南六百里兩當縣去府東五百六十里階州去府南八百里皆白馬氐所居武都故地延安府葭州去府北六百里神木縣去府九百里府谷去府東北千一百里皆周環河套之內

余行漢中過禹廟問漢源因見大安河自略陽來其流尤大不知當時何以表漾爲源也心疑之及讀丹鉛總錄始知有東西漢焉今引而記之總錄祝

穆曰天下之大川以漢名者二班固謂之東漢西漢而黎州之漢水源於飛越嶺者不與焉固之所謂東漢則禹貢之導漾自嶓冢山逕梁洋金房均襄郢復至漢陽入江者也西漢則蘇代所謂漢中之甲輕舟出于巴乘夏水下漢四日而至五瀦者其源出於西河州徼外經階沔與嘉陵水合俗謂之西漢又經大安利劒果合與涪水合入于江

藍田關即秦嶢關圖七賢過關者即此蓋是春雪初霽張說張九齡李頎李白鄭虔孟浩然共訪輞川

王維也當時鄭廣文自爲圖有詩曰二李才名壓
二張歸鞭遙指孟襄陽

澄城縣山崩初爲一山至是東西分馳三四里遺址平陷良爲一奇此嘉靖丁未六月也唐武后臨潼縣因風雷湧出一山初高六尺漸高至二丈因名慶山以此知古稱穀洛水鬬信乎不誣宋紹興十四年亦有樂平水鬬有司奏言河衝里田水中類爲物所吸聚爲一直行高平地數尺不假堤防而水自行里南程氏家井水溢亦高數尺夭矯如長

虹聲如雷穿墻破樓二水鬬于杉墩且前且郤十餘刻乃解正德中又有文安縣水忽僵立是日天大寒遂凍爲氷柱高五丈四圍亦如之中空而榜有穴後數日流賊過人多避其中山川且然況人物乎以是知造物之奇無所不有

慶陽緣邊人善蠱術有爲稻田蠱者能使其人腹中有土一塊中出稻芒穿腸而死樹蠱者則出樹枝撐腸是亦挑生之類然則是術不獨粤中有之徐南孺分憲延慶爲余言曾閱其牘云

寶雞以西葢屋咸以板用石壓之小戎曰在其板屋自古西戎之俗然也此池流渠走水依稀江南在關中稱沃土

自古稱棧道險今殊不然屢年修砌可並行二轎四馬其褒斜二谷俯黑龍江咸乾灘亂石不知漢張湯何以欲轉漕于渭豈古今陵谷星淵至是其站皆軍夫以百兵爲廐置長軍無餼廩惟自種山田數畝而已今軍日消而往來之絡繹如故是宜有以處之入川如秋林富村古店諸站丁庶而富其

氣象又與漢中別
會寧鮮流水源泉土厚脉沉泥淖斥鹵卽鑿井極深
亦不能寒冽居民夏惟儲雨水冬惟窖雪水而飲
峨眉太岳頂上無水亦然
大隴首山牽連六七百里其上多鸚鵡行人過此困
頓欲絕故樂府詩曰隴頭流水鳴聲嗚咽遥望秦
川肝腸斷絕崆峒山有元鶴洞深無底中有三元
鶴時出飛翔雲際遊者見之以爲瑞鳥鼠同穴山
則飛走相爲牝牡此最異事鳥曰鵌鼠曰鼵

寧夏居黃河下流大壩可灌自昔記之萬曆辛卯之
變　朝廷聞報遂懸通侯之賞不知廟堂議論何
以張皇如此當時有請城京師四隅者有請塞潼
關以拒賊出延慶者夫至城京師則中原屬之誰
耶賊患其不出耳若出延慶而撫臣調兵以遮其
前督臣擣巢以截其後此孫臏伐魏救趙之故智
也將安逃抑有異者土哱劉許五賊不相君臣而
竝據彈丸必無自固之理即以關張之義亦必臣
劉而可若五大不相臣則雖同父母兄弟骨肉無

不相猜而相殘者可計日而用間以破之也余曾
滇中貽趙汝師少宰書謂不必慮當固守以待其
自敗果一月而五賊相猜城遂潰此一事耳而舉
國若狂平日所稱邊才安在哉若五賊推一人爲
王而以其地投鹵來入據之則寧夏終非國有是
可慮耳
無定河河名也此地浮沙善陷輿人急走急換足不
則陷矣故名
甘凉處原中國地晋凉州志云周衰其地爲狄後匈

[redacted]使休屠渾邪等王王月支以地降漢漢置張掖酒泉燉煌武威金城謂之河西五郡南隔距羌而斷匈[redacted]右臂以通西域故張騫通三十六國班超復定五十餘國條支安息至于海濱四萬里外魏晉後通者不過二三國耳今人知兩浙爲會稽郡而不知後魏于燉煌側置會稽郡人知維揚有瓜洲城而不知唐于燉煌側置瓜州城人知嚴州有壽昌縣而不知唐于沙州南百五十里立壽昌縣古燉煌今嘉峪外地也即晉之西海郡居延等縣

元爲亦集乃城蓋在肅州東北五百里瓜州蓋在今肅州衛西五百里卽古西戎地漢爲玉門關沙州城蓋在衛西八百里漢月支地漢又有龍勒縣卽壽昌地亦卽唐陽關西北去又數百里爲伊州桑遠縣又西去數百里爲蒲昌縣又北去數百里爲唐安西府交河縣其地又遠而太宗所置伊西庭州高宗所置龜兹于闐四鎭總之在玉門之外而天寶以後河西隴右始陷吐蕃耳本朝守嘉峪棄玉門以外大都甘州西去五百里爲肅州漢酒

泉郡肅州不及百里卽嘉峪若河西諸郡皆在甘州行都司之內甘州卽漢張掖如甘州東北百二十里爲山丹亦張掖地東五百里爲鎭番東南三百里爲永昌五百里爲涼州南九百里爲莊浪皆漢武威東南一千三百里爲西寧乃古湟中卽漢破羌縣屬金城郡古賢如張奐張芝索靖索綝父子咸燉煌人

涼州稱涼者以西北風氣最寒而名也五六月白日中如雪皚皚而下者謂之明霜

河套雖古朔方之地但漢唐來棄之已久起寧夏至黃甫川黃河北遶二千五百里卽南自川至定邊亦一千三百里以圖徑求之當得縱橫各一千二百里餘其中皆蕪野荒原惟鹵可就水草任牧安得中國人居之卽遷人實之從何得室廬耕作所謂得其地不足田得其人不足守幸而曾議不成耳卽成費國家金錢數百萬取之終亦必棄爲鹵復得惟是銑出身任事之臣一旦爲奸臣所搆陷身首異處不能不令志士髮上指冠也今以其顛

未畧志之先是嘉靖丙午秋七月套虜三萬人入寇大掠延慶至三原涇陽曾公銑方以少司馬總督三邊乃毅然請復河套條爲八議計萬餘言
帝以連年虜寇邊臣無以逐虜爲念者深嘉銑志切責本兵覆議之遲丁未五月虜入大敗我師銑又襲擊斬獲之帝又嘉賞銑又令撫按參酌復套方略因上營陳八圖及地圖一帙 帝又答以溫旨下部議可屬銑行銑遂發甘肅總兵仇鸞十大罪逮赴京會是年澄城山崩分宜嚴相嵩欲奪夏

公言首輔而陸炳亦怨言助嵩圖之于是嵩以山崩故疏陳鈌失謂銑開邊啓釁誤國大計言從中主之淆亂國是言訴不聽下九卿議冢宰聞淵御史大夫屠僑宗伯費宷錦衣陸炳等希嵩指劾言輕信銑徇情擬旨于是　帝怒奪言官致仕逮銑赴京是戊申正月也時適俺答入套延綏撫臣楊守謙奏稱套內先有狠台吉薅台吉都刺台吉駐牧今俺答復踏氷逾河聲勢愈重嵩遂擬旨謂銑開釁生禍復下九卿議于是仇鸞訐銑誤國不忠

往年鹵寇延慶多殺傷銑匿不聞乃收諸將金錢萬計通貴近以免銑明知誘殺樸殺有禁乃于丁未二月襲鹵希功致全軍沒又匿不聞臣久知套不可復銑惡臣行五千金陷臣今陜人以調集盡竄恐憂不在套在邊圉之內時皆謂是疏嵩所授草淵等又希嵩論銑果匿邊情以萬金賄言當交結近侍扶同奏啓律以三月論斬銑西市并逮言于丹陽用前律以十月斬言 以上陜西

濟河在汶上北云即大清河禹貢出於陶丘北又東

至于河又東北會於汶又北東入于海酈道元謂濟水當王莽之世川瀆枯竭伏地而行蔡九峯謂今歷下凡發地皆是流水世謂濟水經流其下故今以趵突當之然趵突又引入小清河則大清河乃濟之故道非濟之本流世間水惟濟最幻即其發源處盤渦轉轂能出入諸物若有機者然昔人以糠試之云自趵突出

大明湖下有源泉又爲諸泉所滙當城中地三之一古稱遙望華不注如在水中夏時荷菱滿湖葦荻

成港汎舟其中景之絶勝者惜沿湖無樓臺亭榭以助憩息城中泉最多如金線泉南北兩珍珠泉舜泉杜康泉趵突泉總之趵突佳入城與諸泉俱滙大湖出北門達小清河

山左士大夫恭儉而少干謁茅茨土堦晏如也即公卿家或門或堂必有艸房數楹斯其爲鄒魯之風

古稱封禪者七十二君今遺蹟皆不存亭亭云云等存其名而已泰岱之上惟日觀側有秦封禪臺碑石則秦無字碑最古當萬年不化大且重故此石

非太山物非驅山之鐸良不能至此

泰山香稅乃士女所捨物藩司于稅賦外資爲額費夫既已入之官則戴甲馬呼聖號不遠千里十步五步一拜而來者不知其爲何也不惟官益此數十萬衆當春夏間往來如蟻飲食香楮賈人旅肆咸藉以爲生視嵩山盧岳鴈蕩武夷士大夫車騎館轂專爲邑中之累者其損益何啻星淵

大清河濟水之故道經流長清齊河歷城濟陽城東武定青城濱州蒲臺利津入海小清河一名濼水

卽濟之南源發趵突東北經章丘鄒平新城高苑博興樂安入海今亦爲鹽河兼資灌漑而淤塞流溢久離故道水利失而水害興各郡邑乃自以意爲隄而以鄰爲壑如新城博興高苑之民日尋干戈以競通塞非朝夕故矣故爲山東者必當興復河流講求故道使竹口不閼則西民之水害不除清河不修則東民之水利不舉恐田野荒蕪終無殷富之日

孔子廟前之檜圍不四五尺高與簷齊而志稱圍一

丈三尺高五丈者志所稱舊檜也此非手植乃手植之餘蓋手植者金時燬于火此其根株復萌蘖者志稱晉永嘉三年枯隋義寧元年復榮唐乾封二年枯宋康定元年復榮則所指手植者元至正三年復榮則指今檜也今膚理猶然生意萠不知榮于何日耳

洙泗洙水自尼山來入沂水同流今之洙水橋亦非其舊也泗水出陪尾山下四源共會故稱泗其源清徹可掬出地激駛滚滚有聲至曲阜南洙北泗

中爲孔林下濟寧入徐州會汴達淮今會通河奪之雷澤夏溢秋涸涸時水入地聲如雷者經日故云雷澤汶水會七十二泉而成至南旺分流南北濟運南流短而北流長

周公之後有東野氏有司復其庸調世疑孔子萬世有土而周公微不振然孟子出孟孫氏自是周公子孫

山東東兖二郡水患不盡由本地本地水乃汶泗也流漕河南北則已惟中州黑洋山水經澶淵坡而

東奔曹濮之間以一隄限之隄西人常竊决堤兼以黑龍潭諸水泙湃汪洋其初咸自范縣竹口出五空橋而入漕河迴來橋口淤塞河臣不許浚之出恐傷漕水遂縮回浸諸邑而濮尤甚癸巳余叅藩行荒至其地爲民講求止開州永固鋪一路可開之以達漳河而開民不肯讓道築舍無成乃奏記舒司空謂河臣止論國計不恤民生司空甚䣊余竟格之然東不開五空橋西不開永固鋪濮上左右歲爲沮洳之場矣

魚臺之在兗西猶釜底然黃河身漸高單沛隄日益以高而魚臺水不出淹處至經四五年舒司空欲開中心溝洩之以達宿遷洩之良是也第溝首接呂孟湖而湖高又不能洩魚臺之水新溝下又多礓砂浚不深僅僅一線洩漕河汶泗之溢者濡縷爾故費五萬金而卒無益於事不出張憲副朝瑞之所料也

東兗之間郡邑大小不等如滕非昔五十里之滕也西北可五十里南則幾百數十里而遥東亦不下

百里而岡阜緜連盜賊淵藪故治之難而滕嶧間再置一邑爲善若清平之側又有博平朝城之畔又有觀城則贅也博平四隅鄉村每方不出二十餘里若觀城東西北皆不過數里止東南去十里餘而已此猶不及一大郡之城何以爲邑

鄒嶧山秦始皇所登以立石頌功德處一山皆無根之石如溪澗中石卵堆疊而成不甚奇峭而頗怪險禹貢嶧陽孤桐乃特生之桐非以一樹爲孤也桐必特生者謂受風聲耑故堪琴瑟今則枯桐寺

前果只留一桐足稱孤矣雖非禹時之舊似亦不
下千年物萬曆戊己間特榮一枝次年旋壞余癸
巳冬適行荒至問之巳仆地寺僧將曳入而斧爨
之余急令扶植原所系大石爲壇上爲一亭覆之
名栖桐榭以存禹蹟稍遲時刻則爨矣固知神物
成毀良不偶然

東平安山左右乃盜賊淵藪客舟屢遭刼掠武德亦
多盜之地以北直河南三界往來易於竄匿然其
來也必有富家窩引之如近日路綱之敗千里聞

名有司皆折節下之亦古者大俠郭解之流

青州人易習亂禦倭長鎗手皆出其地葢是太公尊賢尚功桓公管仲首覇之地也其走狗鬭雞蹹蹴六博之俗猶有存者

登州三面負海止西南接萊陽出海西北五六十里爲沙門島與鼉礬牽牛大竹小竹五島相爲聯其上生奇草美石遥望紫翠出没波濤中足稱方丈蓬壺春夏閒蛟蜃吐氣幻爲海市常在五島之上現則皆樓臺城郭亦有人馬往來近看則無止是

霞光遠看乃有眞成市肆此宇宙最幻境界秋霜冬雪肅殺時不現而蘇子瞻乃禱於海神歲晚見之余以十月大雪見蛾嵋佛光與蘇遇同奇海舟度遼者必泊諸島避風然泊者不知而登遼兩岸乃儼然覩形影眞不可以常理斷

長山沙門諸島在登萊外大者延袤十餘里小者二三里皆有饒沃田以千萬計猶閩浙之金堂諸山也往者皆有禁後鄭中丞因新兵乏餉疏墾以助之亦山左一益此田皆當於農時搭廠以居隙則

毀之而歸若架屋常任恐窩引海寇爲患浙閩間
矣而浙拘攣甚則當事者之見殊也
海運洪武十三年粮七十萬石給遼東永樂五年因
都北平部議粮運事宜未决九年以濟寧州別駕
潘叔正言命宋司空禮發山東丁夫十六萬浚元
會通河濟寧至臨清三百八十里以漕然猶海陸
兼運十二年議于淮徐德通搬遞爲支運繼乃爲
兌運又爲改兌其後河塞决不常先司寇督漕疏
請試海運其試海運者非遂以海代漕云必無漂

流也二三丈之河風水不無損失况大海乎不過
欲爲國家另尋一路以爲漕河之副如丘文莊所
云者行之二年竟格于文網而止只今朝鮮多事
恐此海道他日爲倭奴占用而中國不敢行今自
登州東南大洋至直沽詳其路道以備摭採自元
眞島始元眞島者大嵩靜海二衛之東南洋也海
船至此轉杵島嘴如收洋入套一程北過成山頭
西北望威海山前投劉公島二百餘里用南風爲
順風一日而到內可小灣泊十處當廻避十處二

程自劉公島西行遠望之杲島約二百里用東風東北風半日而到內可小灣泊四處廻避四處三程自之杲島開船西六十里過龍洞直西此備倭府外洋也遠望長山島西投沙門島約一百八十里用東南風一日而到內可小灣泊三處廻避六處四程自沙門島開船西南遠望三山島約二百餘里用東風半日而到內可小灣泊二處廻避四處五程自三山島開船過芙蓉島直西投大西河口約四百餘里用東風與東北風一日而到內可

小灣泊二處迴避三處六程自大清河開船投大溝河約一百六十里用西南風一日而到內可灣泊三處迴避一處七程自大溝河開船投大沽河約二百餘里望見直沽俱無迴避此運船與倭船所同謂大船灣泊避風也若倭得志朝鮮用小漁船唬船偷風破浪而來則旅順口一朝夕絕流抵登遡游三夕而抵天津矣燃眉之急又可忽乎

膠萊河與海運相表裏若從淮口起運至麻灣而遥度海倉口則免開洋轉登萊一千五六百里共間

田横島青島黄島元眞島竹島宮家島青雞島劉公島芝罘島八角島長山島沙門島三山島此皆礁石如戟白浪滔天其餘小島尚不可數計于此得避豈不爲佳奈膠萊淺澀開鑿之難葢自元至元阿合馬集議以來儒費不貲十載而罷及今徐司空栻胡給事檟屢舉屢廢或謂下有礓砂數十里斧鑿不入或謂鑿時可入鑿後旋漲或又謂開鑿原不難第當事者築舍道傍余觀唐宋漕政皆代經六七更水陸不常舟車相禪若可以此例舉

則南北用舟於中以車輛接之亦可存其說以備
臨渴之一策也余觀黑龍江岩石廉利陡峻尋丈
漢張湯尚欲於此通漕於渭其與膠萊又何啻十
倍

山東備倭府立于登州癸巳甲午間倭方得志朝鮮
東人設備往往于是余謂客曰此非山東之所謂
備倭也曰 祖宗不建府于登乎曰登州備倭之
設 祖宗蓋爲京師非爲山東也海上艨艟大艦
乘風而來僅可抵登郡東面而止過此而入則海

奎之玄大艦無順風直達欲泊而待風則岸淺多
礁石難繫纜故論京師則登州乃大門而天津二
門也安得不於登備之曰然則山東備何地乎曰
以山東籌之則登乃山東東北一隅猶人家之有
後水門也尚有前堂在倭從釜山對馬島乘東風
而來正對淮口然淮有督儲部府尚宿重兵在倭
不遽登岸也其登必從安東日照此數百里無兵
然中國之殷瘠夐險倭必有鄉道預知之而泰山
香稅外國所艷聞也則必馳泰安州既則濟寧商

店咸在城外倭必覬覬之而走濟寧又進則臨清大
賈所必覬也而馳臨清掠劫既飽然後入省城此
山東大廳堂而倭所必由之道也不備前門而備
後門乎曰然則當何備之曰總府立登州既祖法
不可改當從倭汛議以關中防秋例處之登州至
安東惟膠州爲中南北救援咸相去五六百里今
遇汛時當調登州總戎駐膠州以南援安東日照
安丘諸城一帶而北仍不失救援隨追隨發而調
臨清叅戎于登州坐鎮之如總督出花馬池巡撫

出固原側汎畢仍歸本鎮是于備京師山東經權兩不失也曰臨清不有粮艘巨萬當護乎曰此非倭所欲也據臨清以絶粮道丘文莊爲中原不逞者言倭隔海止利在掠金耳曰何以知倭不入登萊也曰登海淺水行二十里皆淖途前所云多礁船不得泊即起岸而登州地曠人稀鮮富室若清野待之一望蕭索四五日必回舟而大舟必漂去又無漁船客船可拏用之故倭不走登州也曰登遂可無備乎曰不在今日也倘倭得朝鮮則登與

旅順口相對一岸不用乘風不須巨艦只䑳䑬舴艋一夜而渡抵岸方知此時難防又特甚焉則非今日之比故備寇者須知我險須知彼情難刻舟以求劍也後入與鄭中丞言之設安東備倭以上山東

晉中俗儉朴古稱有唐虞夏之風百金之家夏無布帽千金之家冬無長衣萬金之家食無兼味飯以棗故其齒多黃食用羊故其體多肉其朔風高厲故其色多黯黑而少紅顏白皙之徒其水泉深厚故其力多堅勁而少濕鬱微尰之疾地有洞故其

鹵至可避商有伴故其居積能饒惟五六月歊暑炎爍之時日則捉扇而摇夜仍燒炕而睡此不可以理詰也

山西地高燥人家葢藏多以土窖穀粟入窖經年如新葢土厚水深不若江南過夕即浥爛惟隔歲開窖避其窖頭氣一時刻卒然遇之多殺人其窖地非但藏粟亦以避鹵鹵人遇窖不敢入惟積草熏之然多其岐竇即熏烟有他竅出不爲害苐家家穿地道又穿之每每長里餘嘗與他家穿處相遇

江南洞在地上皆天生塞北洞在地下皆人造
平陽澤潞豪商大賈甲天下非數十萬不稱富其居
室之法善也其人以行止相高其合夥而商者名
曰夥計一人出本衆夥共而商之雖不誓而無私
藏祖父或以子母息匄貸于人而道亡貸者業捨
之數十年矣子孫生而有知更焦勞强作以還其
貸則他大有居積者爭欲得斯人以爲夥計謂其
不忘死肯背生也則斯人輸少息于前而獲大利
於後故有本無本者咸得以爲生且富者蓄藏不

於家而盡散之爲夥計估人產者但數其大小夥計若干則數十百萬產可屈指矣蓋是富者不能遽貧貧者可以立富其居室善而行止勝也

蒲解皆平陽名郡論州治則解不及蒲論屬邑則蒲不及解

地震時蒲州左右郡邑一時半夜有聲室廬盡塌壓死者半屬夢寐不知恍似將大地掀翻一徧磚墻橫斷井水倒出地上人死不可以數計自後三朝兩日尋常搖動居民至夜露宿於外即有一二室

盧未塌處亦不敢入臥其下人如坐舟船行波浪中眞大變也比郡邑未震處數年後大首瘟疫盛行但不至猴不死及喉無一生者纏染而死又何至數萬此亦山右人民之一大刼也

河曲之地取義于黃河一曲也宋時爲火山軍以其地有火山岩石隙縫處烟氣迸出投之竹皮木屑則焦架之以鬲釜水米則熟其下似一團純火而山仍有草木根株不灼事理之甚奇者

沁水出沁州沁源綿山之東谷經岳陽澤州穿太行

出覃懷入黃河狐首諸經云界水則止太行綿亘麗厚非一水所能界故桑乾滹沱淸濁漳皆穿太行而東當黃淮汎濫時當事者欲引沁水入衛以分河勢不知河入中國受涇渭澠洛汴泗諸水非沁一水之能分其勢也且沁出太行而南皆山麓險阻不能引而之衛若沁可入衛則河復禹故道當不難矣諸葛孔明曰識時務者在俊傑

大同右衛軍馬坤女年十七將適人化爲男子嘉靖戊申七月也後隆慶間有李良雨者又化爲婦人

婦稚見客不羞今萬曆間又有儀賔生兒之異比
聞之乃一神托胎於其腹中臨產輒自言欲破脇
出其人懼求從穀道神嫌穢不肯再三求之請以
香水數斛澡之乃從澡畢遂滅形不知去向
成祖三犁鹵庭以三月出塞四月至長清南望北斗
名威鹵鎮五月至斡難河元人起此名殺　鎮巳
出萬里皆直東勝受降地正在山西之外其後失
守東勝縮地而南亦自山西始最後石州之破鹵
民深入山西內地搶掠旬日人馬困憊行走不前

鹵至割氈裘下截棄去使平日有備卽不能阻其深入能擊其情歸亦可以得大勝也

三受降城東城在廢東勝州北今朔州西北四百里漢雲中郡中城在今大同郡城西北五百里東去東城三百里漢九原縣西城在古豐東北八十里三城皆唐張仁愿所築以受北鹵之降人者也西城開元圯於河別置河東寶曆初又徙東城于綏遠峯南中城遼元置州縣今三城皆不守而丘富趙全等乃道俺答爲板升以受中國之降人據之

板升衆可十餘萬中國百工技藝無所不有趙全巳爲俺答造宮殿乃入住之日忽梁折鹵生疑終身不敢入宮室仍舊守水草任牧全雖服上刑他日邊塞之禍終潰於此蓋南有香山北有板升此鹵寇之所必資也

互市之舉起于宣大塞蓋老　不忍其孽孫之愛乃以趙全輩易把漢那吉歸而成也二十年來亡論邊民省殺僇奔竄之禍即中國夜不收命每歲每塞所省若干人然此事非王少保崇古在外擔之

新鄭相在內主之中外安得享數十年太平新鄭良險詐恣横然膽畧當爲蓋世才子而互市一斷實有功於國家王少保後以躬揖之淺臺省紛言逐之然豈知其當時塞上捨家捨命擔當之事蓋少保之爲馬市議非汎汎憑臆比者前有兩覆車在當仇咸寧鸞之以馬市媚[redacted]而俺答屢犯宣大後[redacted]機泄禍且及客疏止之乃罷市逐史道于壬子歲三月[redacted]世宗命復言開馬市者論死著之絜令使少保言而內臺執此令少保之肉有幾耶文

虜虜

丁巳[redacted]有逃婦桃松債來歸總督楊順納之上其狀以爲功後俺答索之急順懼上言[redacted]情叵測欲脅朝廷歸之未及決俺答子黄台吉詐言以我叛人丘富易桃松債順信之尋以松債而丘富竟不得順懼以五千金賂巡按路楷弗言後吳給事發其事逮繫削籍把漢之事與松債何異使當時把漢去而趙全不歸少保又何以自解犯此兩鑑而慨然不以身家爲念眞俠烈丈夫也少保嘗自言我視一家百口皆鬼而以此頸自懸空中方敢把

擔上肩今臺省少年譚何容易良然

山西初守東勝東勝失而後退守偏關其後又退守寧武不知三關者偏老爲邊而寧爲腹也大同居東北爲左臂偏頭老營居西北爲右臂此山西之極邊也外戸也大同以內爲寧武鴈門二關並峙而寧鴈以內爲省會故寧鴈重門也外戸以屯重兵進與之戰重門以嚴扼塞退爲之守是國初之畫也今巡撫春居省會秋出代州以防鴈門則東路之防備矣何獨於西路則太將舍偏關而守寧

虜 虜

武若是之疎乎昔者石州之敗[redacted]欺偏老無備以
斷其後耳使當時駐以大將[redacted]安得深入重地是
當移寧武大將以駐偏關余葢于省垣條陳之而
時總戎畏遠出設爲二關竝峙大將當居中調度
之說以惑本兵議遂寢

互市始于宣大故王少保自議宣大費最多惟陜西
年例不足用宣大旣每年積羨多難以花銷則奏
報爲省節二三年卽省十餘萬邊烽不警惟以節
省爲功督撫晉司馬司道晉開府皆此物也不但

兩鎮軍民至今兩鎮官咸藉少保之餘惠惟是承平既久武備漸弛往時偏老內外極多勇烈士彼椎埋屠狗之輩囊無金錢則相率而搗巢偷馬得功微賞則叫呼飲博于妓館中詰之則云吾朝酣酒而夕報警置杯騎馬而出知吾爲人歸爲鬼歸不樂何以也彼亦素辦此志如所謂不忘喪元者[redacted]市而此輩無所用老者死而壯者散爲商賈蓋皆拘束於禮法尺寸之內俗非不美而邊徼緩急無所賴藉衛尉材官舍介胄釋弓矢而學以咿唔

相高非其業也即如夜不收輩往者宿草地結胡婦負囊臥雪中遇兵刄則死焉故得[redacted]情最眞今則遙望而道聽漫答應一時則已并其道路不識者有之矣眼底[redacted]幸亦無大志設吉囊俺答輩復生何以待之魏司馬學曾不深自思惟遽大言一旦絕[redacted]市是張空拳爲無米之炊也舉朝皆眯目而是之脫市絕而釁起不知其袖手何以策應矣故不待逮繫而必知其寧夏之無成也

晉俗勤儉善殖利於外即牧畜亦藉之外省余令朗

時見羊羣過者羣動以千計止二三人執箠隨之或二三羣一時相値皆各認其羣而不相亂夜則以一木架令跳而數之妓娼與肩酒殽者日隨行剪毛以酬問之則皆山以西人冬月草枯則麾羊而南隨地就牧直至楚中洞庭諸湖左右澤藪度歲春深而回每百羊息羔若干剪毛若干餘則牧者自得之 以上山西

山西互市 枝派鈌